개정증보판

매너와 이미지메이킹

Manner & Image Making

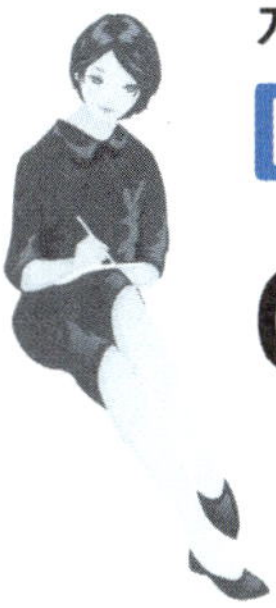

최기종 지음

백산출판사

머리말

'매너'란 무엇인가? 이러한 물음에 대해 한 마디로 대답하기란 어려울 것이다. 사람이 생존을 영위하고 있는 이상 매너는 필수적으로 상존(常存)하는 의식과도 같기 때문이다.

매너는 사람이 가진 순수한 감정과도 상통하는 것이라고 할 수 있다. 사람이 가진 감정이 행동이라는 하나의 채널을 통해 겉으로 나타난 의식의 작용이 바로 '매너'라고 할 수 있다. 우리의 생활과 불가분의 관계에 있는 매너는 인간관계에서도 중요한 부분을 차지하고 있다.

사회생활을 원활하게 하려면 우선적으로 자기 관리가 선행된 교양인이어야 할 것이다. '교양인'이란 매너의 기본이 되는 마음가짐 · 몸가짐 · 인사 등을 바르게 행할 수 있는 사람을 뜻한다. 이러한 것들은 비록 자기 관리의 개인 매너이지만, 인간관계의 기초가 되는데 매우 중요한 의미를 지닌다.

특히 비즈니스의 경우에는 매너를 잘 지키고 있는지, 그렇지 못한지에 따라 평가가 달라져 결국에는 회사의 대외적인 이미지까지 손상될 수도 있다.

본 교재의 주요 내용은 매너와 이미지 메이킹의 개념을 비롯하여 인사 · 대화 · 전화 · 방문 · 테이블 · 파티 · 비즈니스 · 인터뷰 · 직장인 · 사교 · 경조사 · 해외여행 · 공공장소 · 스포츠 · 생활 매너에 이르기까지 다양하게 구성하였으며, 어떠한 경우에도 사회인으로서 자신감을 가지고 수준 높은 업무를 수행할 수 있도록 하였다.

아무쪼록 본 교재가 비즈니스맨들과 직장인들, 대학에서 국제매너를 공부하는 학생들, 그리고 이 분야에 관심이 있는 분들에게 다소나마 도움이 되었으면 하는 마음 간절하다.

끝으로, 본 교재를 집필함에 있어서 조언을 아끼지 않았던 하은 시인, 안희정 교수님, 백산출판사 진욱상 사장님, 그리고 편집부 직원들에게도 감사드린다.

2012. 5
최기종

차 례

제1장 매너의 개념

1. 매너가 좋아야 성공하는 세상
2. 매너의 기본 개념
3. 동·서양 예절의 이해
4. 에티켓·매너·예절이란?
5. 어른이 지켜야 할 매너

세상이 원하는 것은 감정이 아니라 예의다.

J.W. 괴테

제1장

매너의 개념

1. 매너가 좋아야 성공하는 세상

매너는 생활양식의 한 부분이다. 생활양식과 매너는 시대와 환경에 따라 변천하며 바뀌어 가지만, 매너에서 결코 바뀌지 않는 부분은 내가 나를 존중하는 만큼 남도 존중해야 한다는 마음가짐이다.

선진국과 후진국을 가르는 잣대에는 경쟁력도 있고 군사력도 있지만, 무엇보다도 중요한 것은 국민의 의식수준이다. 의식수준은 교양과 매너(manner)로 표현된다. 교양과 매너가 가장 압축적이고 가시적으로 나타나는 것이 이른바 '기초질서'다. 우리나라를 찾는 외국인들이 받게 될 한국인의 인상은 일상 속에서 대면하는 한국인들의 질서수준에서 좌우된다. 이벤트(event)나 축제(festival)가 아무리 호화로워도 시간이 흐르면 추억은 희미해지게 마련이다.

길게 남는 기억은 오히려 이런 것들이다. 어깨를 부딪치고 사과도 하지 않는 무례한 행인, 내리기도 전에 밀고 들어오는 지하철 승객, 길거리 아무 데나 마구 뱉어놓은 더러운 침, 즐거워야 할 식사를 고통스럽게 만드는 시끄러운 소음…, 이런 부정적 인상이 두고두고 잠재의식 속에 남아 한국이라는 나라의 이미지를 형성하는 것이다.

한국인들의 대다수는 초보적이고 상식적인 질서를 제대로 지키지 않는다. 질서를 지킨다는 것은 곧 나와 너, 우리 모두가 더불어 편안해지는 길이다. 기초질서 지키기가 일시적인 캠페인(campaign)에 그치지 않고, 우리 사회의 지속적인 의제(議題)가 돼야 하는 것은 그 때문이다.

매너는 경쟁력이다. 21세기 1등 국가로 가기 위해 반드시 고쳐야 할 부분이다. 서양인에게는 친절한데, 같은 동양인에게 불친절한 경우가 있다. 이제는 그런 의식도 고쳐야 한다. 미래에는 경제적 자산만으로는 안 된다. 사회적 자산을 갖춰야 선진국으로 갈 수 있다.

한국인들은 먼저 말하고 표현하는 부분이 아직 부족하다. 길거리에서 사람과 부딪쳤을 때, 먼저 미안하다고 말하는 사람은 아직 소수다.

상대방을 먼저 배려해 주는 여유와 자신의 몸가짐을 바르게 하고, 겸손한 태도로 생활한다면, 당신의 평판은 더욱 좋아지고 직장에서의 평판도 더욱 높아질 것이다.

질서문화를 정착시키려면 지키는 소수가 서둘러 다수가 돼야 한다. 비행기가 이륙할 때 많은 에너지가 필요한 것과 마찬가지다. 예의바른 사람이 50%대로 올라가면, 80~90%로는 저절로 간다.

21세기에는 지능지수(IQ : Intelligence Quotient), 감성지수(EQ : Educational Quotient), 도덕지수(MQ : Moral Quotient), 일에 대한 열정(PQ : Passion Quotient)이 높은 사람이 성공하게 된다. 만약 성공하길 원한다면 매너가 좋아야 한다.

IMAGE MAKING

평생직장은 없다…

현대 사회에 평생직장은 없다. 평생직업만이 존재할 뿐이다. 회사와 개인은 더 이상 종속관계가 아닌 파트너십 관계이므로 서로의 목표가 달라지고 상황이 바뀌면 언제든지 더 우월한 상대방을 찾아 떠나는 환경이 되었다. 그러기에 평소에도 시장에서의 정확한 자기 가치를 확인해 볼 필요가 있다. 성공의 승부처는 결국 시장이다. 어떤 상황에 놓이더라도 자신의 몸값을 흥정하며 옮겨 갈 수 있는 경쟁력, 그것이 정확한 가치다. 현 직장을 떠난다는 가정을 하고 그만두는 연습도 해 봐야 한다. 항상 스스로에게 질문하자. "사회에서 평가받는 나의 시장 가치는 과연 얼마나 되는가?"

조선일보

2. 매너의 기본 개념

좋은 매너는 하루아침에 이루어지는 것이 아니라 평소 바른 예절을 배우고 익히는 과정에서 자신의 성숙함을 맛볼 수 있다. 매너는 마음만으로 되지 않고 지식으로도 되지 않는다. 상대방의 호감을 얻기 위해서는 뭐니뭐니 해도 친절을 베푸는 것이 중요하다.

'웃는 낯에 침 못 뱉는다'는 말은 동서고금을 통틀어 의심할 수 없는 진리다. 올바른 매너를 갖추기 위해서는 상대방을 존경하는 마음을 가지고 수양과 절제를 통해 매너가 몸에 배도록 의식적으로 노력하고 실천에 옮겨야 한다. 이를 위해서 다음과 같은 노력이 필요하다.

1) 상대방에게 호감을 주는 마음이 필요하다

상대방에게 호감을 주려면 자신의 행동이 매력적으로 보이도록 노력해야 한다. 실수로 상대방의 발을 밟았을 때 "죄송합니다"하고 사과를 하거나 또는 고마움을 느낄 때 "감사합니다"하고 인사를 하는 것은 상대방에게 호감을 주는 매력적인 표현이 된다.

이 밖에도 식사나 연회시의 테이블 매너, 사교 모임에서의 대화 매너, 대면시의 복장 매너에 이르기까지 모든 것을 상대방에게 호감을 주려는 마음 자세가 필요하다.

2) 상대방에게 폐를 끼치지 않는 마음이 필요하다

상대방에게 폐를 끼치지 않겠다는 마음은 상대편을 생각해 주는 행위다. 매너는 만찬회(dinner party)나 리셉션(reception) 같은 실내에서의 매너와 공원·집회장소와 같은 실외에서의 매너로 구분할 수 있는데, 공공장소에서의 매너를 잘 지키는 일이 바로 공중질서요, 공중도덕이다.

휴지를 아무데나 버리고 줄서기를 잘 하지 않은 행동을 무심코 하는 동양인은 서양인의 눈에는 매우 이상하게 비칠 것이고, 상황에 따라서는 문화국민으로서의 품성을 의심받을 수도 있을 것이다. 이런 점에서 보더라도 매너는 우리에게 있어서 더욱더 주의를 기울여야 할 예의범절(禮儀凡節)이다.

3) 상대방을 존경하는 마음이 필요하다

남을 존경하는 마음은 매너에 있어서 가장 기본이 되는 사항이다. 인간관계를 원만하게 하고 사회생활을 원활히 해 나가려면 무엇보다도 남을 존경하는 아름다운 마음씨를 가져야 한다.

그리고 매너는 아름다운 마음씨를 상대편에게 행동으로 표현하는 것이다. 따라서 예의바른 사람이 되기 위해서는 언제나 남을 존경하는 마음을 가지고 올바른 생각을 하도록 노력하는 것이 중요하다. 즉 윗사람에게는 공손히 대하고, 아랫사람에게는 거짓 없이 이끌어

주는 마음가짐이 필요하다.

3. 동 · 서양 예절의 이해

1) 동양예절

예절과 의식을 중시하는 동양 문화권에서는 2천5백 년 전에 예기(禮記)가 출현했을 정도로 오랜 전통을 갖고 있다. 중국은 유교의 발상지로 학문을 숭상하고 예의를 중시하는 성향이 강하고, 현대에는 화교 문화권을 중심으로 종교적 성향이 강화되어 생활 속에서 작용하고 있다.

우리나라에서 예기(禮記)는 억불숭유(抑佛崇儒) 정책을 표방한 조선왕조의 유교사상에 힘입어 학자들에게 필수덕목으로 자리 잡으며 중시되었다. 15, 16세기는 예학의 시대로 불릴 만큼 한국적 예절이 확립되었고, 예절은 선비의 필수규범으로 확산되어 '동방예의지국(東方禮義之國)'이라는 찬사를 받게 되었다.

일본은 섬나라라는 고립된 지형 특성과 숱한 내전(內戰)을 겪으며, 오랜 역사 속에서 몸에 밴 인사예법 역시 긴장감의 표출이고, 생활 속에서 상대방에게 폐를 끼치지 않는다는 인식으로 발전되었다. 이러한 의식은 평소 가정에서 예절교육을 엄격하게 시킨 결과로서 오늘날 일본인 이미지를 형성하게 되었다.

2) 서양예절

12세기 생 빅토르의 〈수도사 교육론〉 등에서 식사예절에 대해 언급하고 있는 것으로 보면, 서양예절도 상당히 오랜 역사를 지닌 것으로 볼 수 있다. 호텔문화가 프랑스 궁성문화에서 파생되었다는 데서 알 수 있듯이 서구의 매너나 에티켓 역시 프랑스 궁성문화와 그 궤를 같이 한다고 볼 수 있다.

18세기 부르주아(bourgeois)라고 불리는 신흥 자본주의 세력이 귀족들과 교류하며 상류사회에 편입될 때 매너를 습득하여 자신의 사회적 위치와 존재를 정당화하였다. 이때부터 예절이 생활의 필수 요소라는 것을 인식하면서 예절교육은 가정이나 학교 등에서 필수과목으로 자리매김하게 되었다.

4. 에티켓 · 매너 · 예절이란?

현대인들은 '예절(禮節)'이라고 하면 까다롭고 진부하여 시대에 뒤떨어진 것이라고 생각하고 있고, 반대로 '에티켓' · '매너'라고 하면 이것이야말로 현대인이 알아서 행해야 할 것으로 여기고 매우 중요시하고 있다.

알고 보면 에티켓 · 매너 · 예절은 같은 의미로 사용되고 있다. 굳이 구분해서 말한다면 예절은 우리나라와 중국 · 일본 등 동양예절이고, 에티켓과 매너는 주로 서양예절이라고 생각하면 된다. 그러나 지금은 온 세계가 동일 생활문화권에 묶이는 경향이 있고, 자연스럽게 서구인들과 어울리게 되는 우리에게 있어서도 서양의 에티켓은 차츰 비중이 커지고 있다.

1) 에티켓

'에티켓(etiquette)'이란 서양의 예절이며, 서양의 사회계약적 생활규범을 말한다. 또한 생활규범은 생활문화권에 따라 독특하게 발달되고 정립되어진다.

영어의 에티켓은 예절 · 예법 · 불문율 등을 의미한다. 그러나 에티켓의 원 뜻은 프랑스어 에스띠끼에(estiquier)이며, 나무말뚝에 붙인 표지(출입금지)를 의미하고 있다. 용어의 유래를 살펴보면 옛날 베르사유궁전의 화원에 몸가짐이 나쁜 사람이 들어가 아름다운 꽃을 밟아버린 사건이 생기자, 화원 주변에 'estiquier(출입금지)'라는 글씨를 새겨 출입을 막았다는 데서 유래하고 있다.

이러한 에티켓이 프랑스에서 어느 정도 정착된 것은 15세기부터이며, 그 후 루이 14세 때 완전히 정립되었고, 다시 이것을 나폴레옹(Napoleon)이 부활시켜 1830년 법령에 의해 현대에 이르는 공식의전의 형식이 되었다.

한편, 서양예절은 사람이 생활하는데 있어서 지켜야 할 법칙과 규율을 일컫는데, 이것을 '에티켓(etiquette)'이라고 부르고 있다. 그리고 에티켓을 드러내는 행위를 '매너(manner)'라고 한다.

2) 매너

인간의 생활과 불가분의 관계에 있는 매너는 인간관계에서 중요한 부분을 차지하고 있다. 일반적으로 매너를 오래된 의식이나 딱딱한 예절이라고 생각하지만, 매너의 본래의 뜻은 사람과 자연에 대한 경의이며, 배려하는 마음이다. 다시 말하면 매너는 좋은 인간관계와 즐거운 생활환경에서 생활하는데 필요한 생활기술이라고도 말할 수 있다.

'매너(manner)'란 원래 라틴어인 마누어리우스(Manuarius)에서 파생되었으며, 이는 마누스(Manus)와 아리우스(Arius)의 복합어이다. 여기서 마누스는 '손'이라는 뜻과 '사람의 행동 · 습관'이라는 뜻을 내포하고 있다.

그리고 아리우스는 '방법 · 방식'을 의미한다. 따라서 매너는 사람마다 가지고 있는 독특한 습관과 몸가짐으로 해석되며, 에티켓과는 달리 사람을 이야기할 때 '매너가 좋다', '나쁘다'라고 한다.

3) 예절

'예의(禮儀)'라는 단어의 사전적 의미는 사람과 사람 사이에서 서로에게 함부로 하지 않음을 말하는 것이고, '범절(凡節)'이라는 단어는 세상을 살아가면서 때와 장소에 맞게끔 갖추고 행동함을 의미한다.

흔히 두 단어를 합쳐서 '예절(禮節)'이라 하며, 예의가 정신세계를 강조하는 것이라면, 범절은 그것을 겉으로 표현하는 동작에 그 비중을 두는 것이다. 즉 예절이란 일정한 생활문화와 오랜 생활습관을 통해 하나의 공통된 생활방법으로 정립되어 관습으로서 행해지는 사회계약적인 생활규범을 말한다.

예절은 지켜도 그만 안 지켜도 그만인 것이 아니라 우리가 서로 약속해 놓은 생활방식이다. 약속은 어떤 형식상의 절차에 따라 이루어진 것이 아니고 누구든지 다 그렇게 하기 때문에 하나의 관습이 되고, 그 관습이 쌓여서 약속으로 화한 것이다. 따라서 단순히 동작 몇 가지를 익히는 것으로 대신할 수 있는 성질의 개념이 결코 아니다.

또한 예절은 눈으로 볼 수 있거나 손으로 만질 수 있는 물건도 아니다. 그러나 물건과 같이 모양은 없지만 형체는 분명히 있다. 동양 예절은 유교에 근본을 두고 있고, 한국의 예절도 유교의 '인의예지신

(仁義禮智信)'에 근본을 두고 예의를 가르치고 중요시하고 있다. 동양에서는 예의를 갖추기 위해 자신을 낮추고, 상대방을 높이는 데에 그 의미를 부여하고 있다.

5. 어른이 지켜야 할 매너

예절이란 사회를 건강하게 움직이는 기본적인 힘이며, 어른으로서 당연히 갖추어야 할 정신자세와 행동양식을 의미한다. 어른이 사회에 미치는 영향은 실로 막중하다.

가정과 학교 · 사회에서 모든 이들이 보고 배우는 대상이 되는 40~50대가, 사회의 중추적인 역할 수행자로서, 또한 어른으로서 갖춰야 할 자격은 다음과 같다.

- 어른은 항상 '습(習)'의 대상이 된다는 사실을 염두에 두어야 한다. 어린이가 독립하여 어른이 되기 전까지 세상 살아가는 방식을 배우는 최선의 길이 바로 어른을 따라 하는 것이다. 이것은 마치 새끼가 어미 새의 날개 짓을 백 번 따라 하여 나는 법을 배운다고 해서 '학습(學習)'이라는 단어가 만들어진 것과 같은 이치다.
- 어른들의 타문화에 대한 철저한 이해를 들 수 있다. 나의 존재가치를 중요하게 여기는 것과 같은 비중으로, 남의 존재와 그들의 문화를 인정해야 한다는 것이다. 나의 기준으로 상대방을 평가한다는 것은 타인에 대한 충분한 이해가 부족하다는 말이며, 또한 충분히 교육받지 못한 미성숙한 이들의 전형적인 행동이다.

교육의 최종 목표는 남을 이해하는 능력을 키우는 것이다.

- 어른은 어떠한 경우에도 전체를 대표하게 되는데, 30대가 되면 홀로 서고, 세월이 흐르면 주위의 분위기나 시류에 흔들리지 않은 40대가 된다. 또 자신이 소속된 국가와 민족을 위해 해야 할 일을 깨닫는다는 50대가 되면, 나의 행동은 개인의 것이 아니라 내가 속한 가족 · 조직 · 국가 전체를 대표하게 된다.

제2장 이미지 메이킹의 개념

1. 이미지란?
2. 표정관리
3. 이미지 메이킹이란?

이미지는 지적, 정서적인 콤플렉스(복합체)를 순식간에 제시하는 것이다.

E.L. 파운드

제2장

이미지 메이킹의 개념

1. 이미지란?

이미지(image)의 어원은 라틴어의 'imago'이며, 동사형인 'imitari'는 '모방하다(imatate)'라는 뜻을 가지고 있다. 사전적인 의미로서의 image는 형태, 모양, 느낌, 영상, 관념 등을 뜻하고, imago는 정신분석학적인 용어로 양친 등의 면모나 영상 등이라는 의미로 사용하고 있다.

'이미지'란 마음속에 떠오르는 사물에 대한 감각적 영상이나 심상, 인상 또는 표상을 뜻한다. 또한 이미지는 언어 이상으로 범위가 넓고, 직접적으로 호소하는 힘을 가지고 있어 두뇌만의 이해를 초월한 좀 더 오감(五感)을 자극하는 감각적, 신체적인 것으로도 말 할 수 있다. 그러나 사람들이 갖고 있는 이미지는 개인차도 크고, 여러 가지 상황에 따라서 각기 다를 수도 있다. 이미지에 대한 학자들의 정의는 다음과 같다.

연구자	이미지의 정의
Linquist	이미지란 소비자가 지각하는 대상의 유형적 요인과 무형적 요인의 조합으로 구성
Hunt	특정 대상에 대한 이미지를 형성하게 되면 그 대상이나 사물에 대한 객관적 정보나 지식에 의하기보다 이미지에 따라 반응하는 경향이 강하다고 함
Jane and Etgar	이미지를 일반적 성격, 느낌, 감정으로 파악하였는데, 이에 따르면 이미지는 대상의 특성과 이에 대한 감정이나 일정기간을 통해 형성되어 온 대상에 대한 인상으로 정의
Lawson and Baud-Boby	이미지를 임의의 대상(물건)이나 장소에 대해서 개인이나 집단이 갖고 있는 객관적인 지식, 인상, 감정, 상상력이라고 하는 모든 것의 표출
Erickion, Jonson and Chao	한번 인지된 이미지는 실상을 대처하게 되며, 대상이나 사물에 대한 개인의 반응에 중요한 영향을 미치게 된다고 함
Dither	각각의 성질이나 특성뿐 아니라 전체적인 인상을 포함하는 것으로서, 개인이 특정 대상에 대해 갖게 되는 일련의 신념, 인상, 아이디어를 이미지라고 함
Kolter	이미지란 한 개인이 특정 대상에 대하여 가지는 신념, 아이디어, 느낌의 총체
마에다 이사무 (前田男)	이미지란 일반적으로 인간의 마음속에 떠오르는 사람이나 사물의 감각적 영상을 의미하고 있는데, 창조력에 의해 묘사된 상태나 어떤 대상에 대해서의 포괄적인 인상으로서 쓰일 때도 있으며, 사용법이 무척 넓다고 하였고, 관광의 영역에서는 국가나 지역 등 대상지에 대한 주관적인 평가나 인상을 의미하는 경우가 많다고 함
도쿠히사 다마오 (德久球雄)	이미지란 인간의 마음속에 묘사되는 감각적인 영상으로 자기의 욕구나 이해의 정도를 나타내고 행동을 규제하는 힘을 갖는 경우도 있다고 함
가토리 히로토 (鹿取廣人)	자극대상이 존재하지 않는데도 불구하고, 그것이 존재할 때 유사한 지각체험을 하는 것이 이미지라고 함
(주)實業之日本社編	이미지는 언어 이상으로 범위가 넓고 직접적으로 호소하는 힘을 가지고 있다. 그것은 두뇌만의 이해를 초월한 좀 더 오감을 자각하는 감각적 · 신체적인 것으로도 말할 수 있음

1) 이미지 창출 효과

이미지는 외적 이미지와 내적 이미지로 분류된다. 용모와 표정 등 외면적으로 드러나는 이미지를 '어피어런스(appearance)'라 하는데, 이는 직접경험을 통해 형상화되는 것이다. 반면, 내적 이미지는 눈으로 볼 수 없는 정신적 형상(mental representation)을 의미하는데, 이는 자신이 본 적이 없는 역사적 인물에 대한 이미지를 의미한다.

"내가 다른 사람에게 어떻게 보일까" 하는 것은 사람들의 가장 큰 관심거리 중의 하나다. 사람들은 항상 타인의 눈에 비치는 자신의 모습을 알아내고, 그것을 향상시키는 일에 매혹되고 있다. 지위가 높고, 유명한 사람 뿐 아니라 보통 사람들에게도 이미지를 생각하는 것은 삶 그 자체를 생각하는 것이다.

누구나 갖고 있는 이미지, 그 이미지를 자신의 내부에 잠재한 여러 가지 자질들을 아름답게 조화시켜, 외적으로 훌륭하게 연출하는 것은 현실적으로 중요한 삶의 과제다. '나'라는 사람은 하나지만, '나'에 대한 이미지는 수없이 많을 수 있다는 것을 생각하면 더욱 그렇다.

우선 남성은 남자로서, 여성은 여자로서의 이미지가 있다. 학자는 학자다운 이미지가 있고, 정치인은 정치인 같이 보이고, 사업가는 사업가 냄새가 난다. 가장은 가장다운 이미지가 있고, 주부는 주부로서 이미지가 있다. 이처럼 우리는 성별, 직업, 역할에 따라 각기 다른 이미지를 풍기게 된다.

이미지를 창출하는데 있어서, '무엇을 보여줄까' 만큼 중요한 것은 '어떻게 보여줄까' 하는 것이다. '보기 좋은 떡이 먹기도 좋다'는 말처럼, 어떻게 보이느냐에 따라 주체의 이미지가 달라질 수 있다. 세계가 좁아지면서 우리는 과거보다 훨씬 더 많은 이미지를 빠른 속도로 볼 수 있게 되었고, 첨단기술이 발달함에 따라 이미지를 전달하는 방법도 무척 다양해 졌다.

2) 이미지 향상 가이드라인

인간의 삶에 생명수처럼 소중하고 건전한 이미지를 창출하기 위해서는 다음과 같은 이미지 향상 가이드라인을 참조하면 도움이 될 것이다.

- 자신감을 가져야 한다. 자신의 약점보다 장점을 바라보고, 자기 비판 보다는 자신의 성공과 행복을 스스로에게 확신시킬 수 있는 사람이 성공하게 된다.
- 남과 비교하지 말아야 한다. 이 세상에는 자신 보다 잘난 사람도 있고, 못난 사람도 있다.
- 모든 일에 머리를 써야 한다. 성공한 사람들은 항상 작은 일에도 머리를 써서 향상시킬 방법을 찾는다.
- 완벽주의자가 되지 말아야 한다. 사람은 누구나 실수를 할 수도 있다. 항상 최선을 다하는 것이 중요하다.
- 행복해 지겠다고 결심해야 한다. 사람은 자신이 생각한 만큼 행복해질 수 있다. 자신의 생각과 태도가 무엇보다도 중요하다.
- 지나친 죄의식을 갖지 말아야 한다. 다른 사람의 기분과 감정이 모두 자신의 책임이라고 생각하지 말아야 한다.
- 어린이들처럼 하루를 시작해야 한다. 어린이들은 매일매일 자신에게 좋은 날이 될 거라는 새로운 기대 속에서 새 날을 시작한다.
- 긍정적이고 낙관적인 사람과 교제해야 한다. 가장 가까이 지내

는 사람의 기분과 행동은 우리의 기분과 행동에 전염성이 있다.
- 자신에 대한 불행감이나 삶에 대한 허무감을 버려야 한다.

3) 나의 이미지 계발

사회생활을 영위해 나가는 데 있어 부족하면 부족한 것을 메우기 위해서, 넉넉하면 넉넉한 것을 더욱 다지기 위해서 자기 자신을 계발하는 것은 더없이 중요하다. 더욱이 현대는 너무나 빠른 변화 속에서 하루하루가 다르게 변모하고 있다. 대인관계에 있어서도 자신의 이미지를 좋게 부각시키려면 자기의 개성을 시간(time), 장소(place), 상황(occasion)에 부합되게 최대한 연출시키려는 노력이 필요하다.

(1) 자기 자신의 계발진행 순서

- 장단점과 갖추어야 할 요건(필요 · 충분조건)을 파악한다.
- 전공과 장점을 발휘하도록 한다.
- 장점을 강화하고, 단점을 보완하도록 계획한다.
- 기대목표 수준을 설정한다.
- 인생설계도와 조화를 이루도록 한다.
- 계획대로 실천한다.
- 끈기 있게 실천해 나간다.
- 일기를 쓰는 것도 좋은 방법이다.
- 실행상의 불충분한 점은 스스로 의식하여 재추진한다.

(2) 자기계발 계획수립의 주의사항

- 환경변화에 대한 정보를 수집한다.

- 과거의 경험, 능력을 파악한다.
- 관계하고 있는 사람들과의 인간관계를 의식한다.
- 자기 자신의 자화상을 그려 본다.
- 직업의식과 책임감을 의식한다.

(3) 자기 자신의 계발

- 문제의식을 갖는다.
- 자진해서 하려는 의욕을 갖는다.
- 쉬운 것부터 착수한다.
- 시간을 적절하게 활용한다.
- 기회를 놓치지 않는다.
- 자기 의지로써 자신을 지켜나간다.
- 예외를 만들지 않는다.

(4) 자기 자신의 건강관리

- 신체적인 활동을 통하여 동료나 친구와 자신의 문제를 의논한다.
- 업무에서 벗어나 잠시 휴식을 취한다.
- 자신이 변화시킬 수 없는 일에는 순응하도록 노력한다.
- 한꺼번에 여러 가지 업무를 하지 말고 우선순위에 따라 처리한다.
- 동물성 지방분의 섭취를 줄여 나간다.
- 소금섭취량을 억제시킨다.
- 건강 식단을 유지한다.
- 신체운동을 지속적으로 한다.

4) 이미지 체크포인트

(1) 지적 이미지

체 크 항 목	예	아니오
나는 머리가 좋다.		
나는 합리적으로 사고할 수 있다.		
나는 아이디어가 많이 있다.		
나는 아이디어가 생기면, 곧 실행할 방법을 찾는다.		
나는 문제를 해결해 나가는 추진력이 있다.		
나는 내가 생각하는 것을 말로 잘 표현할 수 있다.		
나는 내가 생각하는 것을 글로 잘 표현할 수 있다.		
나는 내 장래에 필요한 전문 지식과 능력을 계발하기 위해 노력하고 있다.		
나는 내 동료들보다 일을 뛰어나게 잘 할 수 있다.		
다른 사람들은 내 능력을 인정하고 믿는다.		
나는 주어진 일을 할 때, 기본 방법보다 더 좋은 방법이 없을까를 연구하고 있다.		
나는 세밀하게 분석하는 것을 싫어한다.		

(2) 감정적 이미지

체 크 항 목	예	아니오
나는 차분한 편이며, 쉽게 흥분하지 않는다.		
나는 조그만 일에도 화를 잘 낸다.		
나는 다른 사람들에게 내 감정을 잘 표현할 수 있다.		
나는 미래에 대해 걱정을 많이 하고 있다.		
나는 곧잘 우울해지거나 삶의 허무를 느끼고 있다.		
나는 아침에 기분 좋게 하루를 시작하려고 노력하고 있다.		
나는 나 자신을 좋아한다.		
나는 지금까지 성취한 것들을 자랑스럽게 생각하고 있다.		
나는 스트레스를 주는 상황 속에서도 유머 감각을 발휘할 수 있다.		
나는 남이 잘 되면 배가 아프다.		
나는 내 자신과 일에 대해 승리자처럼 생각하고 있다.		
나는 쉽게 좌절하고, 한 번 좌절하면 헤어나기 어렵다.		

(3) 사회적 이미지

체 크 항 목	예	아니오
나는 대인관계가 원만하다.		
나의 인간관계는 의미 있고 보람된 것이다.		
나는 리더십이 있다.		
나는 쉽게 친구를 사귄다.		
나와 인연을 맺은 사람은 나를 믿고 신뢰해도 좋다.		
다른 사람들은 나와의 교재를 즐긴다.		
처음 만난 사람들은 나를 오해하는 경우가 많이 있다.		
다른 사람들은 내 앞에서 불편해 하고 있다.		
다른 사람들은 가끔 내 말을 알아듣기가 힘들다고 한다.		
다른 사람들로부터 인정받는 일이 내겐 중요하다.		
나는 모든 사람을 평등하게 대하려고 노력한다.		
나는 어떤 사람을 만나든지, 그의 장점을 보고 그것을 배우려고 한다.		

(4) 신체적 이미지

체 크 항 목	예	아니오
나는 내 용모에 만족한다.		
내 몸은 균형이 잘 잡혀 있다.		
다른 사람들은 나를 멋쟁이라고 한다.		
나는 내 복장에 신경을 쓰고 있다.		
나는 같은 옷이라도 넥타이, 액세서리 등으로 다양하게 연출한다.		
나는 건강하다.		
나는 늘 에너지로 가득 차 있다.		
나는 정기적으로 운동을 하고 있다.		
나는 지방이나 콜레스테롤을 피하고, 건강식품을 먹으려고 노력하고 있다.		
나는 스트레스를 잘 해소 하고 있다.		
나는 표정이 매우 밝다.		
나는 항상 단정한 인상을 준다.		

2. 표정관리

1) 얼굴 표정

일반적인 경우 표정으로 그 사람의 심리상태를 알 수 있다. 표정은 상대방에게 호감을 주기도 하고, 불쾌감을 주기도 한다. 따라서 대인관계를 할 때는 항상 미소를 잃지 말아야 한다. 외형적인 모습이 어떤 의미를 나타낼 때 그것을 '표정'이라고 한다. 물론 언어가 의사를 소통할 때 주된 수단으로 사용되지만, 표정을 통해서도 말하는 사람의 마음을 읽을 수가 있다.

말은 거짓일 수 있지만, 표정은 거짓으로 나태내기 쉽지 않다. 상대하기가 어렵거나 싫은 사람을 대할 때 표정이 굳어지는 것은 누구나 한번쯤 겪는 일이다. 그러나 좋은 이미지를 가지고 있는 사람과 대화를 나눌 때는 표정이 매우 밝아지게 되는데, 그래서 표정은 마음의 징표이며, 정신의 표현이라고 할 수 있다.

(1) 좋은 얼굴표정

사람의 얼굴에는 무려 80여 개의 근육이 있어 약 7,000가지 이상의 표정을 만들 수 있다고 한다. 얼굴에 있는 근육을 자유자재로 움직여 좋은 표정을 만드는 데도 많은 노력이 필요하다. 안면근육을 풀어서 얼굴표정을 부드럽게 하기 위해서는 평상시에 눈썹을 위아래로 움직여보고, 입을 크게 벌리거나 조그맣게 오므려 보는 연습을 반복하는 것이 효과적이다. 좋은 얼굴표정을 만드는 방법은 다음과 같다.

눈과 눈썹	- 눈을 감고 마음을 안정시킨다. - 눈을 크게 뜨고 우 → 좌 → 위 → 아래로 움직여 본다. - 눈에 힘을 주면서 반복한다. - 미간에 힘을 준다. - 눈과 눈썹을 올린다.
입과 볼	- 입을 크게 연다. - 입을 다물고 볼을 부풀인 다음, 입을 좌우로 움직인다. - 볼을 끌어당긴다. - 입 주위를 옆으로 한다.
턱	- 아래턱을 좌우로 움직인다.
코	- 콧등을 위로 끌어올린다.
입	- '아'하고 입을 벌리면서 눈썹을 위로 올리는 듯한 표정을 한다. - '이'하고 광대뼈를 올리면서 웃음 짓는 듯한 표정을 한다. - '우'하고 눈썹을 약간 올린다(거절을 나타낼 때). - '에'하고 눈썹을 약간 올린다(질문에 의문을 표시할 때, 놀랄 때). - '오'하고 눈썹을 올린다(익살 맞을 때).

(2) 좋지 않은 얼굴표정

우리는 매일 매일 많은 사람들을 만나면서 하루를 보내게 된다. 이때 의식적이든 무의식적이든 관심을 가지고 사람들의 표정을 살피게 된다. 만약 내가 어떤 사람에게 부탁을 하려고 했는데, 상대방의 얼굴표정이 매우 좋지 않아 못하게 되는 경우도 있다. 물론 분위기 파악을 하지 못하는 사람이라면 좋지 않은 결과를 얻을 것이다. 따라서 이런 경우에도 상대방의 표정을 읽은 후 내가 이런 말을 해도 좋을 지를 한번쯤 생각한 후에 말을 꺼내야 좋은 효과를 기대할 수 있게 된다.

2) 시선처리

사람의 눈을 보면 그 사람의 진실 됨을 알 수 있다. 대화를 하고 있는 중에 상대방의 눈을 노려보거나 주위를 두리번거린다면 상대방은 불쾌한 기분이 들 것이다. 그러나 시선을 진실하고 부드럽게 보내면 상대방에게 좋은 인상을 심어주게 된다.

(1) 미소

표정이 굳어 있고 화가 나있는 듯한 얼굴을 하게 되면 첫인상이 좋아 보이지 않는다. 자연스럽고 온화하며 상황에 맞는 적절한 표정을 짓는 것이 진정한 미의 표현이라고 할 수 있다. 사람의 마음은 얼굴표정에 그대로 나타나므로 얼굴을 보면 그 사람의 기분을 파악할 수 있다. 아무리 잘생긴 사람이라도 얼굴 표정이 어두우면 상대방에게 호감을 줄 수 없다. 따라서 모든 사람들에게 친근감을 줄 수 있는 밝은 미소를 짓는 습관을 가져야 할 것이다.

(2) 웃는 표정 만들기

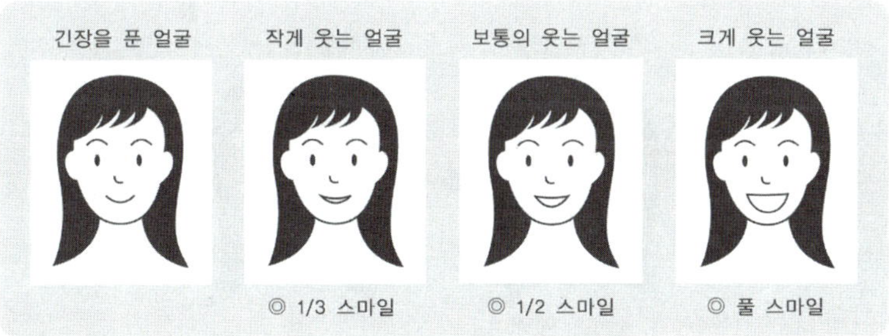

3) 아름다운 미소 만들기

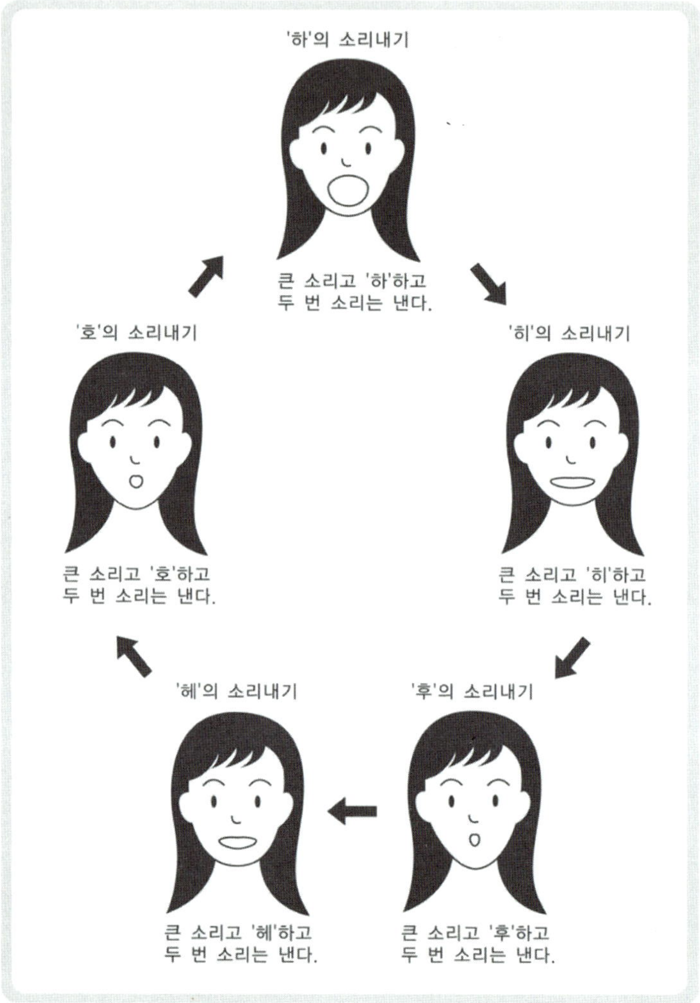
'하'의 소리내기
큰 소리고 '하'하고
두 번 소리는 낸다.
'히'의 소리내기
큰 소리고 '히'하고
두 번 소리는 낸다.
'후'의 소리내기
큰 소리고 '후'하고
두 번 소리는 낸다.
'헤'의 소리내기
큰 소리고 '헤'하고
두 번 소리는 낸다.
'호'의 소리내기
큰 소리고 '호'하고
두 번 소리는 낸다.

3. 이미지 메이킹이란?

1) 이미지 메이킹의 개념

이미지 메이킹의 방법은 두 가지로 구분할 수 있다. 첫 번째는, 있는 그대로의 모습으로 자신의 이미지를 만들어 가는 방법을 들 수 있다. 수수하면 수수한대로 자신을 드러내고 솔직하게 진실된 내면을 상대방에게 알리는 것이다. 그렇지만 상대방에게 알리게 되기까지는 많은 시간과 만남이 필요하고, 또한 많은 사람들에게 자신을 인식시키는 데는 한계가 있다.

두 번째는, 자신과 유사한 인물을 모델링하는 방법이다. 우리의 모습에는 부모의 모습이 많이 담겨 있다. 가장 가까이에 있는 부모님의 닮고 싶은 모습을 모방하고, 자신이 닮고 싶은, 그리고 유사성이 있는 인물을 선정하여 그를 모방하는 것이다. 그러나 모방전략은 쉽게 자신의 이미지를 전달할 수 있다는 특성이 있으나, 장기적으로는 모방에서 끝나지 않고 자신의 개성이 더해져서 새로운 이미지를 구현해야 한다.

2) 이미지 메이킹의 5단계

① 자신을 알라(know yourself). 자신의 이미지를 창출하기 위해서는 먼저 자신을 파악해야 한다.

② 자신의 모델을 선정하라(model yourself). 자신이 모델을 선정하는 것은 자신의 목표를 수립하는 것이다.

③ 자신을 계발하라(develope yourself). 이미지는 전체를 대신하는 일부분을 보여주는 것이다.

④ 자신을 연출하라(direct yourself). 자신의 개성을 살린 자신의 이미지를 상황과 대상에 맞도록 표현하는 것이 이미지 연출이다.

⑤ 자신을 팔아라(market yourself). 자신의 가치를 상대방에게 인식시키고 높은 평가를 받아서 자신을 찾는 것이다.

제3장 인사 매너

사람들은 하찮은 일로 여겨 예법을 천대하지만, 선인과 악인의 구별이 예의를 모르고에 의해 결정되는 일이 흔히 있다.

J. 라 브뤼예르

제3장

인사 매너

1. 첫인상

우리는 대인관계에서 싫든 좋든, 자신에게 유리하든 불리하든 이미지(image)를 전달하며 살고 있다. 어떤 사람이 이런 식으로 자기를 알리는 것이 싫어서 사람 만나기를 피한다면, 그 나름대로 '조용한 사람', '수줍은 사람'이라는 이미지를 주게 되어 결국 사람들은 그 이미지에 맞는 반응을 보일 것이다. 그만큼 생활에 있어서 이미지는 한 개인과는 불가분의 관계에 있다. 특히 사람을 처음 만나서 받은 이미지는 뇌리 속에 쉽게 사라지지 않을 것이다.

심리학자들은 보통 사람을 평가하는데 있어서 그 사람의 지적인 능력과 활동보다는 첫인상에 대한 강한 견해, 즉 성격이 좋다, 나쁘다, 급하다, 느리다 등 심리적인 기준이 중요한 역할을 한다고 하였다. 즉 상대방에 대한 부정적이거나 긍정적인 인상보다 오래 기억에 남게 된다. 따라서 당신의 일거일동은 당신의 이미지를 만들고, 궁극적으로 당신이란 사람의 삶을 형성한다. 사람을 처음 만났을 때 긍정적인 이미지를 심어줄 수 있는 모습은 다음과 같다.

- 미소를 짓는다.
- 마음의 문을 연다.
- 진실을 말한다.
- 밝고 명랑한 표정을 한다.
- 복장을 단정히 한다.
- 상대방의 이름을 기억해 둔다.
- 칭찬을 많이 한다.
- 올바른 경어를 사용한다.
- 말을 하기보다는 듣는 태도를 취한다.

2. 인사

인사(greeting)는 좋은 인간관계를 만드는 첫걸음이며, 사람을 사귀는 데 있어서 능동적인 작용을 하는 것이다. 그렇기 때문에 그 사람과 친해지려면 우선 인사를 주고받는 매너가 좋아야 한다. 즉 인사는 많은 예절 가운데에서도 가장 기본이 되는 표현으로서 자신의 마음속에서 우러나오는 존경심과 반가움을 나타내는 형식의 하나다.

우리나라에서는 예로부터 예의(禮義)를 중히 여겨 왔기 때문에 인사를 잘하고 못하는 것으로 사람의 됨됨이를 가늠해 왔다. 인사는 받는 사람만의 기쁨이 아니라, 인사를 하는 사람도 기분 좋은 일이다. 러시아의 문호 톨스토이(Tolstoy)는 "어떠한 경우라도 인사하는 것은 부족하기보다 지나칠 정도로 하는 편이 좋다"고 하였다.

특히 인사는 마음속에서 우러나오는 감정이 겉으로 드러나는 형식이 복합되어 상대방에게 전달되기 때문에 인사를 할 때는 내면의 친절 · 정성 · 감사의 마음을 정중하면서도 밝고 상냥하게 표현해야 한다. 아울러 인사는 상대방에게 경의(敬意)를 전달하는 작은 의식이므로 형식을 제대로 갖추지 않는 인사는 오히려 결례요, 군더더기에 불과한 것이다. 따라서 인사를 할 때는 의식 또한 매우 중요하다.

1) 인사는 상대방의 마음을 여는 열쇠다

인사는 우리 사회의 가장 기본이 되는 표현이다. 정중하고 예의바른 인사는 누구에게나 호감을 갖게 할 뿐만 아니라 대화를 원만하게 해주고, 서로의 관계를 좋게 하는 계기가 된다.

인간관계를 원활히 하는 데 빼놓을 수 없는 것이 "안녕하세요?", "감사합니다", "죄송합니다" 등의 일상적인 인사말이다. 인사를 예의바르게 하는 사람은 '느낌이 좋은 사람'이라고 생각되어, 상대방도 곧 마음을 열게 된다.

그러나 길에서 만나도 그냥 지나치는 사람은 '버릇이 없는 사람'이라는 인상을 갖게 되어, 상대방도 결국 모른 체하게 된다. 기분 좋은 인사는 상대방의 마음을 여는 열쇠라고도 말할 수 있다. 그러면 다음의 3가지 포인트에 역점을 두고, 인사하는 데 익숙해지도록 노력한다.

- 힘차고 똑똑하게 한다.
- 밝은 목소리로 한다.
- 상대방의 얼굴을 보며 상냥하게 한다.

2) 인사는 위아래의 구별이 없다

인사는 아랫사람이 먼저라고 단정할 수는 없다. 위아래 구별 없이 먼저 본 쪽에서부터 인사를 한다. 상대방이 다른 쪽을 보고 있을 때는 타이밍(timing)을 놓쳐 서로가 어색한 상황이 벌어질 수도 있으므로 적극적으로 인사를 하도록 한다.

인사를 할 때는 우선 상대방의 눈을 보고 "안녕하세요?"하고 인사를 한다. 또한 인사를 할 때 남성은 손을 신체의 측면에 붙이고, 여성은 정면으로 손을 모아서 하는 것이 좋다.

인사의 각도는 대략 15도, 30도, 45도, 90도가 있는데, 이러한 일상적인 인사를 정확히 몸에 익히면 관혼상제나 비즈니스(business)할 때 당황하는 일 없이 자연스럽게 인사를 할 수 있다. 인사를 하는 데는 일반적으로 다음과 같은 인사법이 있다.

- 목례(目禮) : 목례는 실내나 통로, 엘리베이터 안, 화장실과 같은 좁은 장소, 동료나 아는 사람, 그리고 손님을 재차 만났을 때 상체를 앞으로 15도 정도 굽혀서 하는 인사를 말한다. 소요 시간은 약 3초 정도가 적당하다.
- 보통례(普通禮) : 보통례는 '보통인사'라고도 하며, 회사의 로비나 영업장 등에서 윗사람이나 상사에게 공손하게 인사할 때 상체를 앞으로 30도 정도 굽혀서 하는 인사를 말한다. 소요 시간은 약 5초 정도가 적당하다.
- 정중례(鄭重禮) : 정중례는 특별한 VIP(Very Important Person) 손님이나 격식을 차릴 때, 감사 또는 사죄할 때 하는 인사로 상체를 앞으로 45도 정도까지 굽혀서 한다. 소요 시간은 7초 정도가 적당하다.
- 의식행사(儀式行事) : 의식행사는 종교의식이나 조사와 관련한 의

식을 거행할 때 하는 인사로 상체를 앞으로 90도 정도까지 굽혀서 한다. 소요 시간은 7~10초 정도가 적당하다.

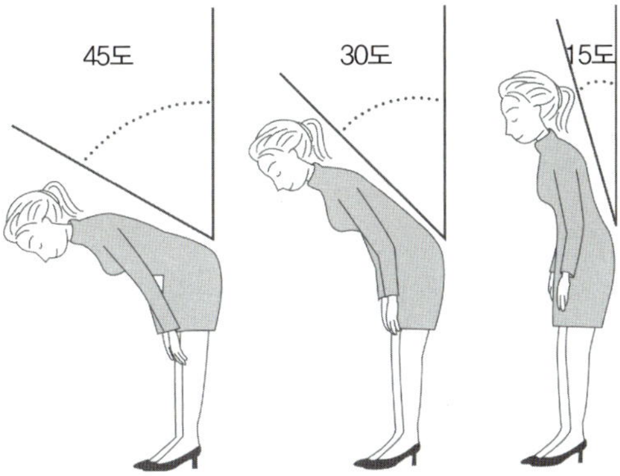

3) 인사말은 상황에 맞게 한다

인사말은 사람을 만났을 때 오가는 말로서 등을 곧게 펴고 예의바르게 한다. 인사를 하면서 말을 하게 되면 목소리가 아래로 향하게 되므로 우선 인사말을 하고 나서 상체를 숙이도록 한다. 보기 좋은 인사는 등을 곧게 펴고 상대방과 시선을 마주치면서 "안녕하세요?", "감사합니다" 등으로 표현하는 인사말이다.

특히 인사를 할 때 하는 말은 사적인 경우와 비즈니스인 경우를 구분하여 이들 상황에 맞춰서 적절히 사용하는 것이 옳다고 생각한다. 예를 들면 "고맙습니다"라는 말보다는 "정말 고맙습니다"라고 하는 쪽이 더 정중한 표현이 된다. 인사말의 구체적인 내용은 다음 표와 같다.

경우 \ 시기	사적인 경우	비즈니스인 경우
감사할 때	고맙습니다.	정말 고맙습니다.
사과할 때	죄송합니다.	정말 죄송합니다.
의뢰할 때	미안하지만…	죄송합니다만…
일을 받았을 때	알겠습니다.	예, 알겠습니다.
방문할 때	안녕하세요	안녕하십니까?
헤어질 때	실례합니다.	잘 부탁드리겠습니다.

4) 인사를 많이 하면 자신의 이미지가 좋아진다

인사는 인간관계에 있어서 시작과 끝을 장식한다. 사람들이 처음 만났을 때는 인사로 시작하며, 헤어질 때도 작별인사를 하는 것이 상례(常禮)다. 즉 인사란 만남에서 헤어지는 데까지 있어야 하는 알파와 오메가(alpha and omega)다. 항상 출퇴근시 다음과 같이 인사를 하도록 한다.

- 아침 출근시간에 사무실에 도착했을 때는 항상 먼저 인사한다.
- 퇴근시간에도 인사하는 것을 잊지 않는다.
- 상대방으로부터 인사를 받는 경우에는 꼭 답례를 한다.
- 출장이나 포상휴가, 기타의 사유로 휴가를 가는 경우에는 감사의 인사를 한다.

5) 인사의 잘못된 표현

인사는 사람이 가장 사람다울 수 있는 아름다운 행위이며, 사교의 기본이라고 할 수 있다. 즉 인사는 상대방에 대해 호의를 지니고 있음을 보여주는 우호적 감정의 표현이다.

인사란 하는 사람과 받는 사람이 따로 있는 것이 아니므로 서로 주고받아야 한다. 따라서 대인관계에 있어서 항상 예의바른 인사를 한다는 마음가짐으로 생활에 임한다. 인사의 잘못된 표현은 다음과 같다.

- 고개만 끄덕이는 인사는 경망스러워 보인다.
- 아무런 동작 없이 말로만 하는 인사는 가벼워 보인다.
- 망설이다가 하게 되는 인사는 아무런 의미가 없다.
- 상대방을 쳐다보지 않고 하는 인사는 무례하게 생각된다.
- 표정이 없는 인사는 상대방을 기분 나쁘게 한다.
- 형식적인 인사는 안 하는 것만 못하다.
- 아쉬울 때만 인사하는 것은 인사의 진실성을 의심받게 된다.
- 공손이 지나쳐 너무 등을 굽혀서 하는 인사는 옳지 못하다.
- "수고하셨어요"는 상사가 부하직원에게 쓰는 말이다.
- 뛰어가면서 인사하는 것은 무례한 행동이다.

6) 인사의 요령

일반적으로 인사는 먼저 본 사람이 상대방에게 하는 것이다. 특히 비즈니스할 때 먼저 하는 사람이 주도권을 잡는데 유리하다. 인사의 요령은 다음과 같다.

- 남성은 손을 펴서 엄지손가락으로 감싸 바지의 재봉선에 대고, 여성은 왼손을 오른손으로 감싸 아랫배에 가볍게 된다.
- 다리는 가지런히 하고, 발뒤꿈치는 붙이며, 앞은 30도 정도 벌린다.
- 발꿈치는 붙이고 발끝은 10시 10분(여성은 11시 5분)으로 선다.

- 머리는 허리와 일직선이 되도록 숙인다.
- 인사 전후에는 상대방의 시선에 초점을 맞춘다.
- 화장실에서는 인사말을 생략하고 목례로 대신한다.
- 계단에서는 발이 계단에 닫기 전에 가벼운 목례로 예의를 취하고, 목례 후 비켜 서 있다가 상대방이 계단을 올라왔을 때 다시 인사한다.
- 걸어가면서 인사하는 것은 금물이며, 반드시 정지된 상태에서 한다.
- 진심에서 우러나오는 마음자세와 은은한 미소, 상냥하고 감사하는 마음을 가져야 한다.
- 길을 걸을 때는 2~3m 가까이 가서 인사를 한다.
- 거수경례를 할 때는 하급자가 상급자보다 먼저 시작하여 늦게 손을 내린다.

7) 인사 체크포인트

체 크 항 목	예	아니오
인사를 할 때 존경심을 가지고 성의껏 하고 있습니까?		
작업복에 안전모를 쓰고, 허리인사를 하는 경우는 없습니까?		
엘리베이터나 복도 등에서 나를 몰라보는 관계사의 임직원에게 인사로서 예의를 표시하고 있습니까?		
먼 거리에서, 또는 지나치면서 우물쭈물하지 않고 습관적으로 내가 먼저 인사를 합니까?		
보통 때는 하지 않고, 아쉬울 때만 인사하는 일은 없습니까?		
"안녕하십니까?", "반갑습니다" 등 인사말을 익숙하게 사용하고 있습니까?		
인사말은 밝고 명랑하며 활기에 차 있습니까?		
부하 직원의 인사를 잘 받아 주고 있습니까?		

체 크 항 목	예	아니오
상대방이 부하 직원일지라도 내가 먼저 인사하고 있습니까?		
상사나 임원의 얼굴을 기억하기 위해 노력하고 있습니까?		
거래처의 변동사항이 있을 때 적극적으로 대처하고 있습니까?		
인사를 나눌 때 상대방을 바라보면서 정중하게 인사를 하고 있습니까?		
아침에 출근 할 때 명랑한 어조로 "안녕하십니까?", "일찍 오셨습니다" 등 인사말을 사용하고 있습니까?		
저녁에 퇴근 할 때 단정한 차림으로 "먼저 가겠습니다" 등 인사말을 사용하고 있습니까?		

IMAGE MAKING

인사의 의미

- 인간사회 윤리형성의 기본이다.
- 인간관계가 시작되는 신호다.
- 상사에 대한 존경심의 표현이다.
- 동료 간에는 우애의 상징이다.
- 안부를 묻거나 공경하는 뜻을 나타낸다.
- 자신의 인격과 교양을 외적으로 나타내는 것이다.

3. 악수

'악수(shaking hand)'란 친애의 뜻을 나타내는 서양식 예법으로서 서로 손을 마주잡고 하는 인사다. 현대사회에서 악수는 비즈니스 사회의 격식과 사람들 간의 친근한 정을 나타내는 것으로 사교활동을 하는 데 있어서 매우 중요한 행위다.

1) 악수의 순서

악수는 경건한 마음으로 해야 하며, 미소 띤 얼굴에 허리를 곧게 펴고, 마음에서 우러나오는 태도를 취하는 것이 중요하다. 원칙적으로 악수는 손윗사람이 손아랫사람에게 손을 내밀게 되어 있으며, 그 기준은 다음과 같다.

- 여성이 남성에게 한다.
- 손윗사람이 손아랫사람에게 한다.
- 선배가 후배에게 한다.
- 기혼자가 미혼자에게 한다.
- 상급자가 하급자에게 한다.

그러나 국가원수 · 왕족 · 성직자 등은 이러한 기준에서 예외가 될 수 있다. 남성의 경우 국가원수나 왕에게 소개되면 머리를 숙이고, 공손히 인사를 한다. 그리고 국가원수나 왕이 악수를 청하면 재차 머리를 숙이며 인사하고 악수에 응한다. 여성의 경우도 국가원수나 왕이 악수를 청하면 머리를 숙이고 악수를 받는다.

2) 악수하는 방법

악수는 서로 마주서서 손을 잡고, 상하로 흔들어 움직이는 동작이다. 올바른 악수방법은 다음과 같다.

- 악수할 때는 절을 하거나 두 손으로 감쌀 필요가 없다. 왕이나 대통령 외에는 당당한 자세로 허리를 곧게 펴고 악수를 한다.
- 오른손에 가방을 들고 있을 경우에는 왼손으로 바꿔든다.
- 악수는 원칙적으로 오른손으로 한다. 만약 오른손에 부상을 입

었을 경우에는 원칙에 얽매이지 않고 왼손으로 할 수도 있으나, 흔히 왼손은 부정적으로 간주되고 있어 상대방에게 양해를 얻어 악수를 사양하는 것도 한 방법이다.

- 손을 쥘 때 너무 느슨하게 쥐는 것은 냉담한 느낌을 줄 수 있고, 또한 스치듯 가볍게 쥐는 것은 상대방을 경멸하는 인상을 주게 된다.
- 악수할 때 가장 좋은 방법으로는 너무 세거나 약하지 않게 쥐어야 하지만, 남자들끼리는 오히려 힘을 주는 것이 좋다. 그러나 너무 오랫동안 손을 쥐고 있는 것은 좋지 않다.
- 상대방이 악수를 청할 때 남성은 반드시 일어서야 하지만, 여성은 앉은 채로 악수를 받아도 상관없다. 그러나 연배(年輩)의 여성은 괜찮아 보이지만, 젊은 여성은 외관상 좋지 않으므로 일어나서 하는 것이 좋다.
- 남성은 악수할 때 장갑을 벗는 것이 예의지만, 여성은 실외에서 악수를 하는 경우 반드시 장갑을 벗을 필요가 없으며, 낀 채로 악수를 해도 무방하다.
- 여성의 경우 먼저 악수를 청하는 것이 예의이므로 외국인과 만나는 사교 모임에서는 주저하지 말고, 즉시 악수를 청하는 것도 자연스럽다.
- 악수할 때 손은 상하로 가볍게 흔든다. 그러나 자신의 어깨보다 높이 올려 흔들어서는 안 된다. 또한 여성과 악수할 때는 남자처럼 손을 흔들지 않는 것이 좋다.

4. 키싱 핸드와 포옹

유럽이나 라틴계 중 · 남미 나라에서는 신사와 숙녀가 악수를 할 때, 남자가 부인의 손을 잡고 상반신을 앞으로 굽혀 정중한 태도로 손가락에 입술을 가볍게 대는 키싱 핸드(kissing hand) 풍습이 있는데, 이것은 기혼 여성에 대한 전통적인 인사법이다.

이런 인사법에 대하여 우리나라 사람들은 어색함을 느끼겠지만, 서양의 사교모임 등에서 기혼 여성에 대한 존경의 뜻으로 여성의 손에 남성이 가볍게 입맞춤하는 인사는 자연스럽게 여겨졌다.

그러나 오늘날에는 미국은 물론 영국의 왕실에서조차 이런 행위가 구태의연한 관습으로 여겨져 많이 사라졌지만, 유럽이나 라틴계의 중 · 남미국가에서는 아직도 행해지고 있는 인사법 중 하나다.

포옹(embrace)은 반가움과 친밀함을 담아 온몸으로 표현하는 애정의 표시이지만, 원래 만남에 대한 즐거움을 자연스럽게 교감하는 인사법이다. 라틴계나 슬라브계 나라에서 가까운 친구나 부모형제가 오래간만에 만나면, 서로 껴안고 볼에 키스를 하면서 반가워한다. 악수보다는 훨씬 깊은 애정의 표현으로 보기에도 좋고 아주 다정스럽다. 악수보다는 훨씬 더 사교적인 방법에 속한다.

5. 소개

사회생활에서 사교의 시작은 만남에서 비롯된다. 이러한 만남에 있어서 그 중간 역할을 하는 것이 소개(introduction)다. 사람을 처음 만났을 때 받은 인상은 오랫동안 기억에 남는 법이다. 그래서 사교사회에서는 사람을 소개하는 형식과 예를 퍽 소중하게 여긴다. 소개할 때 염두에 두어야 할 것은 소개하는 순서 및 올바른 악수자세 등이다.

1) 소개하는 순서

소개는 사교의 시작이라고 할 수 있는데, 이러한 소개에는 순서가 있다. 따라서 소개하는 순서의 기본사항을 익혀두면 사교의 폭을 더욱 넓힐 수 있다. 소개할 때 염두에 두어야 할 내용은 다음과 같다.

- 연소자를 연장자에게 소개한다.
- 후배를 선배에게 소개한다.
- 지위가 낮은 사람을 높은 사람에게 소개한다.
- 이성간에는 남성을 여성에게 소개한다.
- 미혼인 사람을 결혼한 사람에게 소개한다.
- 집안 식구의 경우에는 중요 인물이거나 여성일지라도 자기 식구를 다른 사람에게 먼저 소개하는 것이 예의다.
- 직장에서 소개할 때는 자기회사 직원부터 소개하고, 복수인 경우에는 상사부터 순서대로 소개한다.
- 중요한 인물에게 덜 중요한 인물을 소개한다. 이 경우 기준이 모호하여 제대로 지키기가 어렵다. 또한 남성이 아무리 중요한 인물이라 하더라도 지위가 유달리 높은 경우가 아니면, 여성을 먼저 남성에게 소개하는 것은 실례가 된다.

2) 소개 매너

소개를 할 때는 성직자 · 연장자 · 선후배 · 기혼자 · 미혼자 등 계층이 매우 다양함으로 유념하지 않으면 안 된다. 소개할 때 지켜야 할 매너는 다음과 같다.

- 동성끼리 소개를 받을 때는 서로 일어선다.
- 악수나 간단한 목례시에는 얼굴에 미소를 띤다.
- 남성이 여성을 소개받을 때는 반드시 일어선다.
- 여성이 남성을 소개받을 때는 반드시 일어날 필요는 없다.
- 소개를 받았다고 곧바로 손을 내밀지 않는다.
- 연장자가 악수 대신 간단히 인사를 하면 연소자도 이에 따른다.
- 파티를 주최한 호스티스(hostess)의 경우에는 상대방이 남성이라도 일어나는 것은 예의다.
- 연소자가 연장자에게 소개되었을 때는 상대방이 악수를 청하기 전에 손을 내밀어서는 안 된다.
- 외국인 부부를 소개받은 경우, 동성간에는 악수를 하고, 이성간에는 간단한 목례로 대신한다.
- 성직자나 연장자, 그리고 자신보다 지위가 매우 높은 사람을 소개받을 때는 남녀에 관계없이 일어서는 것이 원칙이지만, 환자나 노령인 경우에는 예외다.

제4장 대화 매너

1. 말은 인격의 척도
2. 경어
3. 대화
4. 발표

예절이란 도덕적으로 또 지적으로 빈약한 서로의 성질을 무시하면서 비난하지 말자고 하는 암묵속의 협정이다.

A. 쇼펜하워

제4장

대화 매너

1. 말은 인격의 척도

모든 인간관계는 대화(conversation)로써 이루어진다. 가족이나 교우관계는 물론 이성교제를 할 때나 사회생활을 할 때, 말은 사람의 마음과 마음을 맺어주는 다리 역할을 한다. 우리는 매일매일 타인과의 대화 속에서 살아간다.

그런데 그 대화라는 것이 항상 즐겁고 유쾌한 것만은 아니다. 때로는 서로 싸우고 헐뜯는 대화를 할 수도 있고, 또 때로는 다른 사람을 불행에 빠뜨리는 대화를 하기도 한다.

말은 상대방을 기쁘게 할 수도 있고, 자신의 적으로 만들 수도 있다. 즉 서로 사랑하고, 미워하고, 시기하고, 원망하는 모든 감정이 말들을 통해서 생겨나는 것이다. 그러므로 말은 세상에서 가장 조심스럽고 신중하게 다뤄야 할 우리들 인격의 거울 같은 것이다. 특히 직장이라는 조직사회는 말도 많고 탈도 많은 곳이다.

무심코 뱉어낸 말 한 마디 때문에 동료들 간에 오해가 생길 수도 있고, 상사와 부하직원과의 관계가 거북해질 수도 있다. 말은 그 사람의 인격이나 사회성을 나타내는 척도(尺度)가 되므로 다음 사항을 유념해야 한다.

- 말을 조리 있게 잘 하는 것도 중요하지만, 상황에 따라 순발력과 융통성을 발휘해야 한다.
- 말에도 맛과 멋이 있다. 같은 말을 하더라도 좀더 호소력 있게 말할 수 있어야 한다.
- 한자리에서 한 사람이 2분 30초 이상 이야기를 하지 않는 것이 좋다.
- 보통 1분 30초에서 1분 45초 이내에 490~500자 가량의 이야기를 끝내는 것이 좋다.

IMAGE MAKING

훌륭한 연사는 어떻게 말하는가?

- 서두를 힘있게 시작한다.
- 일화 · 증거 · 실례를 많이 든다.
- 청중에게 골고루 시선을 준다.
- 시각적으로 묘사한다.
- 기쁘게 편리하게 말한다.
- 긍정적으로 얘기한다.
- 활기 있게 말한다.
- 진지하게 말한다.
- 자신 있게 말한다.
- 쉬운 단어, 짧은 문장 등 구어체를 많이 쓴다.

2. 경어

예로부터 사람의 인품을 평가하는 기준으로 '인측신언서판(人測身言書判)'이라는 말이 있다. 즉 몸가짐 · 말씨 · 필체로 사람을 평가하는 기준으로 삼는다는 말이다. 서양에도 말에 관한 격언이 많이 있다. 영국의 시인 · 극작가인 세익스피어(Shakespeare)는 "인생을 망치지 않으려면 자신의 말에 신경을 써라"고 했다. 또한 말은 지위나 권력을 얻는 데만 필요한 것이 아니라 사교생활이나 비즈니스에도 큰 도움이 된다.

직장인의 스피치 매너(speech manner)는 실력 · 외모와 함께 승진을 결정하는 중요한 요소로써 국제화 · 세계화 시대에 이러한 추세는 더 강화될 것이다. 따라서 당신이 어떻게 말하는가는 당신 자신의 성공과 회사의 번영을 좌우할 만큼 중요한 것이지만, 말을 정말 잘 한다는 것은 직장생활 뿐만 아니라 불필요한 마찰을 피하고, 효과적인 커뮤니케이션(communication)을 하는 데 매우 중요하다고 본다.

1) 상대방을 높여주는 존경어

존경어는 상대방과 상대방의 동작 · 상태 그리고 그 사람에게 속하는 것을 높여 표현하는 말이다. 표현의 방법은 다음과 같은 경우가 있다.

예 ㅇㅇㅇ선생님, 잡수신다, 말씀하신다.

2) 자신을 낮추는 겸손한 표현

자신과 자신의 동작 · 태도에 대하여 낮추어 표현함으로써 상대적으로 상대방을 높이는 표현이다.

예 저희, 저희들, 제가, 여쭙다, 뵙다, 드리다

3) 정중한 말은 품위 있는 아름다운 말

정중한 말은 격식 있는 분위기로 이야기할 때 사용하는 말로서 품위 있는 아름다운 말이다. 말끝에 '~ㅂ니다'를 붙인다.

예 안녕하십니까?, 보고 드립니다, 말씀해 주십시오.

4) 과잉 경어 사용은 오히려 해가 된다

경어(敬語)의 사용은 신중해야 한다. 자칫 상대방을 기분 나쁘게 할 수 있으며, 잘못된 경어를 사용함으로써 오히려 안 한 것만 못한 경우가 생길 수 있으므로 매우 주의해야 한다. 경어에 익숙하지 않은 어린 사람들에게 가끔씩 나타나는 과잉 경어 사용이 있다. 과잉 경어는 오히려 존경의 의미가 반감된다.

5) 상사라고 해도 대외적으로는 존경어를 사용하지 않는다

상사라고 해도 같은 회사의 사람은 사내사람이기 때문에 대외적인 사람과 자기의 상사에 대하여 이야기할 때는 존경어를 사용하지 않는다. 예를 들어 "김 부장님은 지금 자리에 안 계십니다", "저희 사장님께서 말씀하셨습니다"라고 말하는 것은 온당치 않다. "김 부장은 지금 자리에 없습니다"라는 표현이 맞다. 다만, 상사의 가족이나 친지들과 이야기할 때는 존경어(尊敬語)를 사용한다.

IMAGE MAKING

직장인이 지켜야 할 언어 에티켓

- 항상 바른 경어를 사용한다.
- 상사와 동료의 호칭을 통일한다.
- 부르면, '예'라고 대답을 하고, 그 사람 쪽을 본다.
- 농담하거나 천한 말씨를 쓰지 않는다.
- 감사, 위로의 말을 자주 사용한다.
- 업무 중인 사람에게 말을 걸 때는 기회를 봐서 한다.

3. 대화

일을 해 나가는 데 있어서 어떻게 자신의 생각을 명확하고, 힘있게 발표하여 상대방을 움직이게 하느냐 하는 것이 일의 성패를 가늠하는 데 중요한 열쇠가 되는 경우가 많다. 그러나 비즈니스 상대나 직장 상사와의 대화는 고사하고, 가장 가까운 가족끼리의 대화도 맘대로 되지 않을 때가 많다.

대화를 어렵게 생각하다 보면, 사람 만나는 자리를 피하게 되고, 또 자주 피하다 보면 자기를 알릴 기회도 없이 고립됨으로써, 중요한 정보를 놓치는 경우는 물론 세인들로부터 점점 잊혀지고 만다. 사실 편안하고 자연스럽게 대화한다는 것은 사람의 기본심리를 적용하면 그렇게 힘든 것만은 아니다.

매력적인 말이란 바로 상대방의 마음을 끄는 말을 뜻한다. 다시 말하면 진정어린 마음으로 상대방의 관심을 자극하는 쪽으로 화제를 진행시키는 것을 의미한다. 인간은 자기 중심적이기 때문에 남의 일보다는 자기 일에 더 관심이 있고, 남의 얘기를 듣는 것보다는 자기 얘기를 하는 것을 더 좋아한다.

예를 들면 상대방이 아름다운 추억으로 생각하는 일, 즉 두 사람이 처음에 어떻게 만나 부부가 되었는지, 자랑스럽게 생각하는 일은 무엇인지, 성공한 실업인이라면 처음에 그 사업에 손을 대게 된 동기가 무엇인지를 얘기하게 하면, 그 효과는 100%일 것이다.

질문을 할 때는 진지하게 하고, 상대방의 답변이 좀 장황해지더라도 끝까지 성실하게 들어주는 예의가 필요하다. 말을 시켜놓고 딴청을 하는 것은 결례(缺禮)가 된다. 대화는 가장 느린 형태의 의사소통

방법이라는 말처럼 상대방의 얘기를 충분히 듣고 이해하여 적절한 반응을 보인 후, 그 다음 질문으로 들어가야 한다.

그러나 흔히 말하듯 말재주가 좋기만 하면 되는 것은 아니다. 어디까지나 예의바른 태도로 올바른 생각을 알기 쉽게 전해야만 되는 것이다. 대화를 할 때 지켜야 할 주의사항은 다음과 같다.

- 말은 침착하고 간결하게 한다.
- 말하는 자세를 바르게 한다.
- 말에는 적당한 유머가 필요하다.
- 상대방의 눈을 바로 보고 말한다.
- 혼자서 아는 척해서는 안 된다.
- 기분 좋은 말투를 사용한다.
- 남의 말을 가로채서는 안 된다.
- 말을 하기보다는 듣기를 잘 해야 한다.
- 외국어나 어려운 말은 삼간다.
- 애매하고 추상적인 언어 사용은 자제한다.
- 친한 사이에는 농을 해도 괜찮으나, 너무 지나친 농은 삼간다.
- 무언가에 쫓기는 듯 급하게 말을 하는 행동은 삼간다.
- 상대방의 기분에 동조할 수 있는 대화의 일치점을 찾는다.
- 말은 풍부한 화제와 화술을 쓰되, 거짓이 되지 않게 해야 한다.
- 남의 비밀이 되는 것이나 싫어하는 것은 묻지 않는다.

IMAGE MAKING

상대방을 사로잡는 화술

- 첫마디는 재치 있고, 유머 있게 하라.
- 상대방의 말을 열심히 귀담아 들어준다.
- 짧게 설명하고 반응을 관찰한다.
- 상대방을 이기려거든 칭찬을 해주어라.
- 소극적인 대화보다는 적극적으로 대화를 한다.
- 얼굴에 미소를 띠면서 대화를 한다.
- 개성 있는 대화, 개성 있는 얼굴을 한다.
- 여럿이 대화를 할 때 순서를 지켜라.
- 상대방의 감정을 공유하는 방법으로 대화를 이끌어 낸다.
- 상대방이 핵심적으로 언급하고자 하는 내용을 가끔씩 반복해서 말해 준다.

4. 발표

발표자는 발표할 때 적극적인 태도를 취하되, 듣는 사람에게 이롭지 못한 내용은 피하는 것이 좋다. 또한 흥미가 없어 보이는 이야기는 오래하면 바람직스럽지 못하며, 항상 상황에 알맞은 화제를 선택해야 한다. 발표시 올바른 자세는 다음과 같다.

- 시선은 참가자 한 사람 한 사람을 향한다.
- 앞에 책상이 없는 경우에는 다리를 단정하게 모은다.
- 상의의 단추는 채워서 복장을 단정히 한다.
- 참가자들에게 뒷모습을 보이지 않도록 한다.

IMAGE MAKING

발표시 옳지 못한 자세

- 위를 보면서 발표할 때
- 뒷짐을 지고 발표할 때
- 몸을 움직이며 발표할 때
- 책상 등에 기대어 서서 발표할 때
- 단추 등을 만지작거리면서 발표할 때
- 머리를 긁적이거나 입에 손을 대며 발표할 때
- 자료 등을 말아 쥐고 탁탁 치면서 발표할 때

제5장 전화 매너

1. 호감을 갖게 하는 전화
2. 호감을 주는 전화
3. 스마트한 전화 응대
4. 강의를 혼란에 빠뜨리는 휴대전화

예절 바름이란 사람의 거짓 없는 마음 가운데에서 옳은 것을 추려내는 기술이다.

아벨

제5장

전화 매너

1. 호감을 갖게 하는 전화

사람은 상대방을 판단할 때 오감을 동원하지만, 가장 큰 영향을 미치는 것은 시각이다. 전화는 사람과의 만남에서 가장 큰 영향을 미치는 시각적인 요소를 배재한 채 만나게 되는 수단으로써 음색과 음성의 크기, 톤, 속도 등의 청각적인 요인이 중요하게 작용한다.

자신의 음성으로 상대방에게 좋은 이미지를 인식시키기 위해서는 음성을 다듬을 필요가 있다. 즉 밝은 음색과 품위 있는 간결한 언어를 사용하거나 정중한 태도를 통해 자신의 이미지를 전달해야 한다.

의사소통을 위한 통신수단이 발달함에 따라 우리의 일상생활이 매우 편리해졌다. 특히 전화(telephone)의 등장으로 인해 아무리 먼 곳에 있는 사람과도 대화를 할 수 있게 되어, 전화는 우리의 손과 발이 되어주고 있다.

그런데 전화는 상대방의 얼굴을 직접 보지 못하고 대화하기 때문에 자칫 소홀해지기 쉽다. 게다가 전화는 보이지 않는 서비스로서, 고객과 목소리만으로 대하기 때문에 모든 정성을 기울여서 응대해야 한다.

다시 말해서 전화는 얼굴을 맞대고 이야기하는 언어 이상의 마음이 상대방에게 전달되어야 함으로 말이 유일한 수단이 아님을 유념해야 한다.

1) 일방적으로 자기 얘기만 하는 것은 상식에 어긋난다

예고 없이 걸려오는 전화는 상황에 따라서는 매우 당혹하게 된다. 전화를 거는 쪽은 긴급사태가 아닌 한 갑자기 용건을 꺼내지 말고, 우선 상대방의 상황을 묻고 나서 자신의 용건을 말해야 한다.

- 바쁜 시간대에 전화를 했을 때는 "지금 이야기해도 좋습니까?"하고 상황을 물어 본다.
- 상대방이 바쁜 것 같으면, "나중에 다시 전화 드릴까요?"하고 의향을 확인한다.
- 전화가 길어질 것 같으면, 이야기 중에 "전화가 길어질 것 같은데, 시간이 괜찮겠습니까?"하고 상황을 물어본다.
- 아침 일찍 전화를 걸었을 경우에는 "아침 일찍 죄송합니다." 밤 9시 이후라면, "밤늦게 죄송합니다." 휴일이라면 "쉬고 계신데 죄송합니다" 등 한마디 양해를 구하는 것이 좋다.
- 일반적으로 수화기를 든 상대방이 먼저 이야기를 해야 한다. 그러나 아무런 말이 없을 경우에는 "○○○씨댁 맞습니까?"하고 확인을 해야 한다.

2) 결론을 먼저 이야기하고 짧게 마친다

전화를 걸기 전에 용건을 메모해서 빠트리지 않도록 요령 있게 말한다. 용건을 말할 때는 처음에 "○○건으로 전화 드렸습니다"라고 말하고 나서 결론부터 이야기를 한다. 그 다음에는 메모를 보면서 요령 있게 결론과 이유를 설명한다.

3) 상대방이 부재중일 때는 이쪽에서 다시 건다

상대방이 외출중이면 몇 시에 돌아오는가를 묻고, "그렇다면 ○○시에 다시 전화 드리겠습니다"하고 약속한 뒤, 그 다음에 반드시 그 시간에 전화를 다시 한다.

한 번 더 걸었는데도 불구하고 부재중일 경우에는 "죄송합니다만, ○○시쯤에 전화를 받고 싶다고 전해주십시오"하고 말한 뒤, 자신의 이름과 전화번호를 알려준다.

4) 메시지를 부탁할 때는 정중히 그리고 정확히 한다

상대방이 부재중일 때 다시 전화하기도 여의치 않을 경우에는 "죄송합니다만, 메시지를 부탁해도 괜찮겠습니까?"하고 의향을 묻고 나서, 메시지 내용을 간결히 전한다.

단, 용건이 복잡할 경우에는 "메모해 주시면 감사하겠습니다만…"하고 정중한 어조로 부탁을 하고, 그리고 메모가 끝나면 반드시 메시지 내용을 확인한다.

5) 전화를 건 쪽이 먼저 끊는다고 단정할 수는 없다

전화는 건 사람으로부터 "그럼, 실례하겠습니다"라고 말하고 먼저 끊는 것이 원칙이지만, 상대방이 윗사람일 경우에는 먼저 끊는 것을 확인하고 나서 끊는 등 그때그때 상황에 따라서 대응한다.

6) 실례가 되는 전화

전화는 편리한 만큼 불편할 수도 있다. 전화 매너는 편리함을 최대로 이용하고, 불편함을 최소로 줄이기 위해 꼭 필요한 것이다. 상대방에게 실례를 범할 수 있을 전화는 다음과 같다.

- 다른 사람의 전화를 받아주지 않는 경우
- 전화를 건 사람의 용건을 무시하는 경우
- 상대방이 한 마디 하면 열 마디 하는 경우
- 하찮은 일에 통화를 오래 끄는 경우
- 턱과 어깨에 걸치고 통화하는 경우
- 고객 앞에서 개인적인 일로 통화를 길게 하는 경우
- 윗사람에게 전화할 때 본인이 직접 걸지 않는 경우
- 상대방의 이름도 확인하지 않고, 자신의 이야기만 하는 경우
- 자신의 이름을 밝히지 않고 "ㅇㅇㅇ씨 부탁합니다"라고 말하는 경우
- 상대방의 상황을 듣지도 않고, 장시간 통화해 상대방의 생활을 침해하는 경우
- 일반적으로 전화를 건 쪽이 먼저 끊는 것이 보통이지만, 상대방의 인사도 끝나지 않았는데 끊는 경우

7) 사적인 통화는 금물

개인적인 통화는 업무시간 중에는 자제하도록 한다. 친구나 가족으로부터 전화가 오면 간결하게 끝마친다. 만약 상대방이 길게 통화하길 원하면 "점심시간에 제가 전화 드리겠습니다" 하고는 전화를 일단 끊는다. 만약 급한 용무 같으면 조용히 휴게실이나 복도에서 핸

드폰을 이용해서 전화를 하는 것이 좋다. 사적인 전화를 근무시간 중에 자주 하게 되면 직장의 분위기를 흐리게 된다.

8) 전화 거는 요령

순 서	요 점	대화방법
번호를 누른다.	신호를 확인한다.	
자신을 밝힌다.	천천히, 확실하게	- ○○(사명) 영업부입니다. - ○○의 ○○○입니다.
상대방을 확인한다.	상대방이 이름을 밝히지 않았을 때...	- ○○○씨 되십니까? - ○○의 영업부입니까?
지명을 부탁한다.		- 죄송합니다만, 영업부의 ○○○씨를 부탁합니다.
인사를 한다.	성의를 다해서, 명랑하게	- 안녕하십니까? - 항상 신세를 많이 지고 있습니다. - 감사합니다.
용건을 이야기 한다.	요령 있게, 순서대로	- 부탁(드릴 말씀)이 있습니다만...
내용이 잘 전달되었는지 확인한다.	상대방이 복창하지 않을 경우에는 복창해 주든가, 이쪽에서 요점을 반복한다.	- 다시 한 번 확인해 주셨으면 합니다만... 그럼 잘 부탁드립니다.
마지막 인사를 한다.	이야기의 내용에 맞게	- 폐가 많았습니다. - 연락을 기다리겠습니다. - 죄송합니다. - 실례가 많았습니다.
전화를 끊는다.	상대방이 전화를 끊으면 조용히 수화기를 내려놓는다.	

2. 호감을 주는 전화

전화는 비즈니스맨(businessman)의 커뮤니케이션(communication) 도구로서 중요한 위치를 차지하고 있다. 따라서 호감을 주는 전화 매너는 사업의 성패를 좌우할 만큼 중요하다.

전화를 받을 때나 걸 때의 좋은 음성과 자신감, 그리고 말하는 것이 차분하고 조리가 있으면 거래하고픈 마음이 생길 것이고, 상대편이 신경질적이고 짜증스런 투로 말한다면 주문하기 위해 전화를 했다가도 주문하고 싶은 마음이 달아날 것이다. 이렇듯 전화는 거는 방법과 태도에 따라 실례가 되거나, 상대방의 기분을 상하게 할 수도 있다. 호감을 주는 전화 매너는 다음과 같다.

1) 전화벨이 2번 이상 울리지 않도록 한다

전화가 걸려오면 TV와 오디오의 음향을 줄이고, 가능한 전화벨이 2번 이상 울리지 않도록 한다. 만약 전화벨이 5회 이상 울렸을 경우에는 "기다리게 해서 죄송합니다"라고 한 다음에, 자신의 이름을 밝히고 상대방을 확인한다.

2) 본인이 부재중일 때는 어느 쪽에서 전화를 걸 것인지 확인한다

"공교롭게도 ○○○씨는 지금 자리에 없습니다만…" 하고 대답한 다음, 다시 전화를 받을 것인지, 아니면 이쪽에서 전화를 할 것인가의 판단을 상대방에게 확인한다.

3) 1분이 넘을 경우에는 전화를 일단 끊는다

본인이 잠깐 자리를 비웠거나 전화를 받을 수 없는 상황일 때가 있다. 이러한 경우 기다리게 하는 시간이 길어도 1분을 넘지 않도록 한다. 만약, 그 이상 길어질 경우에는 일단 끊고, 이쪽에서 다시 걸겠다고 이야기한다.

4) 메시지를 받을 때는 반드시 메모한다

본인이 부재중일 때 "괜찮으시다면 용건을 전해 드리겠습니다"하고 묻는 것이 호감을 갖게 한다. 전화기 옆에는 반드시 메모지와 펜을 준비해 두고 '누구에게', '누구로부터', '일시', '장소', '용건' 등을 간단히 적어서, 전화 받은 시간과 받은 사람의 이름을 적어 놓는다.

메시지를 메모했으면 정확을 기하기 위하여 반드시 중요한 '고유명사', '시간', '장소' 등을 복창하며 확인한다. 그리고 용건을 받은 자신의 이름을 밝히고, 상대방이 전화를 끊는 것을 확인한 이후에 수화기를 놓는다.

5) 자동응답전화

상대방의 전화가 자동응답전화(answering machine)일 경우 그대로 끊지 않도록 한다. 수화기를 든 채로 이름과 용건을 간단하게 녹음한다. 항상 업무의 원활한 진행을 염두에 두는 것이 좋다.

6) 전화 받는 요령

순 서	요 점	대화방법
수화기를 든다.	- 벨이 울리면 곧 왼손으로 받는다. - 메모지와 펜을 준비한다.	
자신을 밝힌다.	- 교환을 통했을 땐 과명을 밝힌다. - 다이얼 직통이면 사명을 밝힌다.	- ○○과입니다. - ○○회사입니다.
상대방을 확인한다.	- 상대방이 이름을 밝히지 않았을 때..	- 죄송합니다만, 어느 분이십니까?

순 서	요 점	대화방법
인사를 한다.		- 안녕하십니까? - 항상 신세를 많이 지고 있습니다. - 감사합니다.
용건을 묻는다.	- 요점을 메모한다.	
복창을 한다.	- 5W 1H로 질문점은 확인한다.	- 확인하겠습니다. - 복창하겠습니다. - 반복하겠습니다.
마지막 인사를 한다.	- 용건에 맞는 인사를 한다.	- 잘 알았습니다. - 감사합니다. - 실례했습니다.
전화를 끊는다.	- 상대방이 전화를 끊으면 조용히 수화기를 내려놓는다.	

3. 스마트한 전화 응대

전화는 여러 사람이 사용하는 기기(器機)이므로 자기만의 편의를 위한 전화 응대를 하기보다는 상대방의 편의도 생각해서 전달내용을 간결하고 명확하게 해야 한다. 전화를 받을 때는 얼굴 표정뿐만 아니라 자세 또한 중요하다. 어떻게 앉아 있느냐에 따라서 음성의 명확함 · 감도 · 생동감이 달라지기 때문이다. 그러므로 상대방에게 보이지 않는다고 해서, 축 늘어지지 말고, 밝은 얼굴과 바른 자세로 말하는 연습을 해야 한다. 이렇게 하면 당신의 전화는 항상 긍정적인 톤으로 끝나고, 전화로 시간을 낭비했다는 생각보다는 뭔가 달성했다는 성취감마저 느끼게 될 것이다.

1) 다른 사람에게 전화를 돌릴 때

"잠시만 기다려 주십시오. ○○○씨에게 전화를 돌리겠습니다"라고 말하고, 보류로 하거나 아니면 전화기를 손으로 눌러 소리를 막는다. 그리고 본인에게 "○○○씨로부터 전화입니다"하고 누구로부터의 전화인지를 확실하게 전달한다.

혹시 상대방이 이름을 밝히지 않을 경우에는 "실례합니다만, 성함이 어떻게 되십니까?"하고 정중히 물어본다. 본인이 전화를 받기가 매우 어려운 경우에는 보류로 한 채로는 상대방이 마냥 기다리게 됨으로 도중에 보류를 해제하고, "죄송합니다만, 조금 더 기다려 주시겠습니까?"하고 상대방에게 양해를 구한다.

2) 전화가 도중에 끊어졌을 때

이야기 중에 무언가의 문제로 전화가 끊어졌을 때는 전화를 걸었던 쪽에서 다시 거는 것이 원칙이지만, 분명히 받는 쪽에서의 잘못일 경우에는 받는 쪽에서 다시 걸어서 "저희 쪽의 문제로 전화가 끊어졌습니다. 죄송합니다"하고 양해를 구한다.

3) 상대방의 전화소리가 잘 들리지 않을 때

잘 들리지 않을 때는 "좀 멀게 들립니다"하고 완곡히 표현한다. 그러나 "들리지 않는데요?"라든가, "크게 말씀해 주십시오" 등의 직접적인 표현은 상대방의 이야기를 원망하는 듯이 들릴 수도 있으므로 주의해야 한다.

4) 본인이 다른 전화를 받고 있을 때

먼저 걸려온 전화를 먼저 받는 것이 예의이기 때문에 "지금 ○○○씨는 통화중입니다만, 잠시만 기다려 주십시오"하고 양해를 구한다.

전화가 금방 끝나지 않을 것 같을 때는 "통화가 길어질 것 같은데, 이쪽에서 전화를 드리라고 할까요?"하고 상대방의 의향을 묻는다.

5) 접객 중에 전화가 걸려 왔을 때

손님에게 "실례합니다"하고 양해를 구한 뒤 전화를 받는다. 긴급한 용건이 아닌 경우에는 "죄송합니다만, 지금 손님이 와 계십니다. 잠시 후에 제가 전화를 드리겠습니다"하고 양해를 구한 다음 전화를 끊는다.

6) 잘못 걸려온 전화를 받았을 때

잘못 걸려온 전화를 받았을 경우에는 번호를 잘못 누른 것만이 아니라, 전화번호 그 자체를 잘못 알고 있는 경우가 많다. 따라서 "잘못 걸었어요"하고 불쾌한 듯이 끊지 말고, "몇 번으로 거셨어요?"라고 물어 본 뒤 "전화를 잘못 걸은 것 같군요"라고 말하고, 상대방의 잘못을 지적해 주는 것이 좋다. 전화에서 사용하는 경어는 다음 표와 같다.

바람직하지 않은 표현	바람직한 표현
그래요	그렇습니다.
알고 있어요.	알고 있습니다.
그대로예요.	바로 그렇습니다.
무슨 일이지요?	무슨 용건이십니까?
예, 뭐라고요?	죄송합니다만, 다시 한번 말씀해 주시겠습니까?
잠깐 기다리세요.	잠시 기다려 주십시오.
물어보고 오겠습니다.	여쭈어보고 오겠습니다.
자리에 없어요.	자리를 비우셨습니다.
나중에 전화주세요.	나중에 전화를 주시겠습니까?

IMAGE MAKING

스마트한 전화 매너

- 미소를 짓고 전화기를 든다.
- 상대방을 확인하고 인사를 한다.
- 메모를 준비한다.
- 전화는 필요할 때만 건다.
- 애매한 답변을 하지 않는다.
- 하찮은 일에 통화를 오래 끌지 않는다.

4. 강의를 혼란에 빠뜨리는 휴대전화

우리나라 휴대전화 보급률은 국민 두 사람 중 한 사람이 지니고 있는 형편이라고 한다. 남녀노소의 구별없이, 초등학생부터 어른에 이르기까지 무분별하게 필수품처럼 사용되고 있는 실정이다.

지성의 전당이라는 대학 내에서도 휴대전화 예절은 지켜지지 않는 것 같다, 휴대전화 벨소리로 강의를 혼란에 빠뜨리는가 하면, 교수님 눈앞에서 버젓이 통화를 하는 학생들이 적지 않다. 휴대전화로 인한 수업 방해가 심각해지자 각 대학에서는 자체적으로 규정을 정해 제재를 가하기도 하고, 교수님도 나름대로의 조치도 취했지만 별다른 성과는 없는 것 같다.

수업 중에 휴대폰을 켜놓는 건 정말 상식이하의 행동이며, 아무리 급한 메시지라도 꼭 수업 중에 전달받아야 하는지 이해가 가지 않는다.

나 하나쯤이야 하는 이기주의에서 벗어나 더불어 함께 사는 사회 풍토를 만들어야 하며, 역지사지(易地思之)의 자세로 상대방을 이해할 줄 아는 문화시민이 되어야 할 때가 아닐까?

IMAGE MAKING

휴대전화 매너

- 수업 시작 전에 전원을 끈다.
- 수업 시간에 문자 메시지를 주고받지 않는다.
- 도서관에서는 전원을 끄거나 진동으로 해놓는다.
- 공공장소에서는 큰 소리로 말하지 않는다.

제6장 방문 매너

1. 방문할 때
2. 방문지에 도착했을 때
3. 방으로 들어갈 때
4. 손님을 대접할 때

예의도, 병이 상호간에 전염되는 것과 같이, 사람들이 이를 보고 서로 따라 배운다.

F. 베이컨

제6장

방문 매너

1. 방문할 때

현대사회는 개인주의 경향이 짙어 인간관계가 점점 삭막해져 친척간 또는 동료 간에도 서로 방문(訪問)하는 일이 점점 줄어들고 있다. 그러나 기쁜 일은 기쁜 일대로, 슬픈 일은 슬픈 일대로 아는 사람과 함께 나눌 수 있는 사회가 바람직하다.

남의 집을 방문하여 사람을 만나 대화를 나눈다는 것은 그만큼 대인관계가 더 두터워짐을 뜻하는 것으로 예의바른 방문태도는 평소 느끼지 못했던 인품을 느끼게 하는 기회가 되기도 한다.

방문하기 전에 유념할 사항은 먼저 방문목적이다. 즉 경사스러운 일로 인한 방문인가, 아니면 그 반대의 방문인가. 승진 · 합격 · 병문안 · 조문 등등 방문의 내용과 목적이 분명해야 하며, 이에 따라 복장 · 장신구 · 언어 등을 잘 선택함으로써 실례를 범하지 않도록 해야 하기 때문이다.

1) 방문일시를 약속한다

남의 집을 방문할 때는 사전에 약속을 하고 나서 방문하는 것이 예의다. 상대방의 형편도 알아보지 않고 막연히 있겠지 하고 방문하거나 또는 친한 사이라고 해서 아무 때나 방문하는 것은 실례다.

사전에 전화와 엽서 등으로 방문의 뜻을 전하고, 상대방의 상황을 확인한 후, 방문일정을 결정한다. 그리고 근처에 도착한 후에도 들어가기 전에 전화로 연락을 하고, 방문하는 것이 예의다.

2) 식사시간을 피해서 방문한다

상대방으로부터 초대된 것이 아니고, 스스로 방문하는 경우에는 식사시간이나 바쁜 시간대는 가급적이면 피하는 것이 좋다. 방문시간이 오전이라면 10시에서 11시 사이가 좋고, 오후라면 1시에서 4시 사이에 방문하는 것이 좋다.

한편, 구미(歐美)의 관습으로는 오전시간은 사교방문을 삼가는 때로 인식되고 있다. 왜냐하면 가정주부 자신은 물론 집안의 청소상태가 아직 손님을 맞이할 준비가 되어 있지 않을 수도 있기 때문이다. 따라서 구미에서의 사교적 목적의 방문시간은 오후 4~6시경으로 생각하면 될 것이다.

3) 단정한 몸가짐을 한다

호감을 갖게 하는 몸가짐도 중요한 매너다. 외출할 때는 다음과 같은 점을 한번 더 확인해 본다.

- 구두가 더럽거나 안창이 벗겨져 있지는 않은지?

- 화장이 너무 진하거나 향수가 독하지 않은지?
- 구두나 스타킹이 손상되지는 않았는지?
- 구두나 발에서 냄새가 나지는 않은지?
- 허벅지가 드러나는 미니 스커트나, 너무 달라붙는 스커트를 입고 있지 않은지?

4) 가져갈 선물을 준비해 놓는다

평소 가깝게 왕래하고 있는 사이라면 항상 선물을 준비할 필요는 없지만, 조금 낯선 방문일 경우는 간단한 선물을 준비하는 것이 좋다. 선물은 본인의 형편에 맞는 범위에서 정성과 마음이 담긴 것으로 준비한다.

5) 약속시간보다 빠른 도착은 실례다

방문시에 특히 신경을 써야 할 것은 바로 시간에 대한 에티켓이다. 상대방은 약속시간에 맞춰서 손님맞이를 준비하고 있는데, 약속시간보다 일찍 도착하였을 경우에는 가까운 곳에서 시간을 보내고, 약속시간보다 약간 늦은 듯이 해서 방문하는 것이 예의라고 본다. 사정이 있어서 조금 늦을 경우에는 미리 전화를 걸어 양해를 구하고, 몇 시 정도에 도착할 수 있음을 알리는 것도 예의다.

IMAGE MAKING 직업별 거짓말하는 사람들…

- 예, 다 돼갑니다. (회사원)
- 단 한푼도 받지 않았어요. (정치가)
- 이 주사는 하나도 안 아파요. (간호사)
- 우린 그냥 친구 사이일 뿐이에요. (연예인)
- 승객 여러분! 아주 사소한 문제가 발생했습니다. (비행기 조종사)
- 이런 고장은 처음 봅니다. (A/S기사)
- 아이구, 음식 갖고 금방 출발했습니다. (중국집 주인)
- 외모가 아닌 실력으로 인정받고 싶어요. (신인 배우)
- 우리 회사는 바로 사원 여러분의 것입니다. (사장)
- 에~ 마지막으로 한 마디만 간단히 하겠습니다. (교장 선생님)
- 잠은 충분히 자고, 학교 공부만 충실히 했고, 교과서 위주로 공부했습니다. (수석 합격생)

2. 방문지에 도착했을 때

방문은 교제를 더욱 발전시키는 방법의 하나다. 먼저 방문지에 도착하면 현관에서 본인의 이름을 알려준다. 만약 그 집의 가정부가 문을 열었을 경우 명함은 줄 필요가 없다. 그 집의 주인에게 직접 전달하는 것이 매너다. 그러나 집 주인과 전혀 안면이 없거나 특별한 용건, 즉 조문이나 문병 등과 같은 경우에는 명함을 가정부에게 건네도 좋다.

1) 코트와 모자는 현관 밖에서 벗는다

주인과 가까운 관계라면 다소 무례함을 범해도 흠이 되지 않을 수 있지만, 처음 방문의 경우에는 도착하자마자 현관문을 열고 들어가는 일은 삼가야 한다.

- 방문지에 도착하면 먼저 초인종을 누르기 전에 한숨 돌리고, 복

장을 다시 한 번 확인한다.

- 코트를 입고 있으면 현관 밖에서 벗은 다음 팔에 건다. 장갑이나 모자 등은 밖에서 벗는다.
- 비에 젖은 우산은 우산꽂이가 없는 경우 현관 옆에 세워두고, 현관 안에는 놓지 않는다.

2) 벨은 여러 번 울리지 않는다

현관 앞에서 몸가짐을 정비했으면 초인종을 1회 누르고 상대방의 응답을 기다린다.

3) 현관에서의 인사는 간단히 한다

정식 인사는 방에 들어간 후에 하고, 현관에서는 선 채로 간단한 인사만을 한다.

4) 신발을 벗을 때는 상대방의 정면에서 벗는다

"어서 들어오세요"하고 권하면, "실례합니다"하고 정면을 향하여 신발을 벗는다. 뒤로 돌아서 벗는 것은 상대방에게 뒷모습을 보이게 됨으로 조심해야 한다. 신발은 그림과 같이 출구 쪽으로 향해 놓는다.

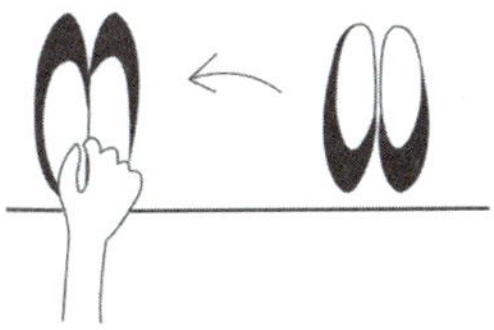

3. 방으로 들어갈 때

방으로 안내되면 주인이 권하는 자리에 앉는 것이 기본이다. 특별한 지정이 없을 때는 상대방이 자신보다 윗사람일 경우에는 상석(上

席)을 피해 앉는 것이 매너다.

1) 좋은 자리는 윗사람이 앉는 자리다

응접실에 들어서면 어디에 앉아야 하는지 몰라서 당황하게 되는데, 서양에서는 일단 입구에서 가까운 쪽이 말석(末席)이고, 그 반대가 상석이다. 또한 서양에서는 응접실에 있는 긴 의자는 손윗사람이 앉는 자리로 되어 있으므로 권하지 않는 한 앉지 않도록 한다. 착석시 주의할 사항은 다음과 같다.

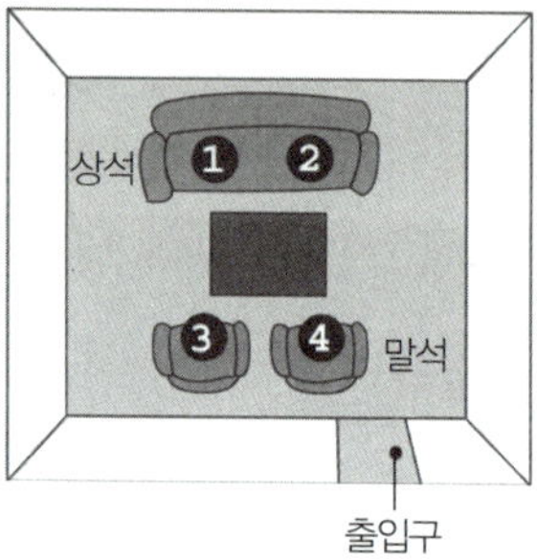

- 차분한 자세로 앉는다.
- 절대 엉거주춤하게 앉지 말고, 의자 중앙에 허리를 깊숙이 하여 앉도록 한다.
- 의자에 앉아서 다리를 꼬거나 벌리는 것은 좋은 자세가 아니다.
- 양손은 무릎 위에 올려놓는 것이 좋다.

2) 선물은 인사가 끝난 후에 건넨다

선물을 지참했을 경우에는 인사를 나누고 난 후에 바로 전달한다. 비닐 봉투나 종이봉투에 넣어 온 것은 내용을 꺼내서 상대방을 향하여 두 손으로 전한다. 이 때 "선생님 선물입니다" 등의 말을 덧붙인다.

3) 다과는 사양하지 않고 먹는다

다과가 나오면 사양하지 말고 먹는다. 특히 남기지 않고 먹는 것이 매너다. 그러나 싫어하는 것이 나와 도저히 먹을 수 없는 경우에는 "죄송합니다. ○○은 익숙하지 않아서…" 하고 양해를 구하고 처음부터 손을 대지 않는 것이 매너다. 가만히 아무 말도 없이 손을 대지 않는 것은 상대방으로 하여금 오해를 사고 불쾌하게 만드는 경우가 될 수 있다.

4) 처음 방문한 집의 경우 오래 있지 않는다

좋은 인상을 남기려면 너무 오래 있지 않아야 한다. 특히 윗사람의 집이나 처음 방문한 집의 경우에는 용건이 끝났으면 빨리 자리에서 일어서야 한다. 처음 방문할 때는 도착 후, 약 15분 정도 머물다가 일어서는 것이 예의다.

5) 돌아갈 때는 인사를 잊지 않는다

바닥에 앉았을 경우에는 방석에서 일어나 인사를 하고, 의자에 앉았을 때에는 의자 옆으로 서서 "잘 먹었습니다"하고 짧게 작별인사를 한다. 그 다음에 구두를 신고, 코트를 입는다(모자와 장갑은 현관을 나와서). 그리고 다시 한 번 인사를 하고 밖으로 나온다.

IMAGE MAKING

방문시 올바른 명함 사용법

- 남성이 기혼여성을 처음 방문하고 떠날 때는 부인의 남편 앞으로 명함을 남겨 놓는다.
- 남성이 미망인 또는 미혼여성을 방문했을 때는 명함을 놓을 필요가 없다.
- 방문객이 기혼여성일 때는 상대방 남편에게 자신의 남편 명함을 남긴다.

4. 손님을 대접할 때

손님이 찾아오기로 되어 있으면 미리 집안 청소를 하고 옷차림을 단정히 한 다음 약간의 다과를 마련해 손님을 맞이할 준비를 해야 한다. 약속한 손님이 찾아오면 먼저 반갑게 맞이하며, 우산이나 코트는 받아서 정리를 하고 응접실로 안내한다.

1) 환대의 마음을 표한다

방문객의 연락을 받았다면, 방문당일은 여유를 갖고 맞이할 수 있도록 준비를 한다. 그리고 방문객을 맞을 때는 상대방이 즐겁고 마음 편하게 보낼 수 있도록 다음과 같이 배려한다.

- 가족 전원이 환영하는 마음을 표하는 것이 중요하다.
- 아이들에게도 어떠한 사람이 방문하는지를 일러둔다.
- 도착 예정시간까지 정리를 끝내고, 다과를 준비해 둔다.
- 청소는 화장실과 세면장에 신경을 쓴다.
- 현관에 꽃을 꽂아 환대의 마음을 표한다.
- 안내할 방을 깨끗이 정리하고, 바닥이면 방석을 깔아둔다.
- 추운 날이라면 방안을 따뜻하게 해둔다.
- 손님이 차를 몰고 올 경우 주차 문제에 대해서도 준비한다.
- 늦게 오는 사람을 위해 별도로 식사를 준비하는 것도 필요하다.

2) 앞에 서서 방으로 안내한다

현관의 벨이 울리면 하던 일을 잠시 멈추고 손님을 맞이한다. 방문객이 윗사람일 경우에는 부부가 함께 맞이하는 것이 매너다. 또한 손님을 맞을 때는 정장을 하고 현관 입구에 나와 기다린다.

3) 손님을 편안하게 해준다

손님이 자리에 앉고 인사가 끝나면 다과를 내온다. 그리고 용건이 있어 찾아온 손님의 경우 용건을 쉽게 꺼낼 수 있도록 분위기를 편안하게 해준다. 만약, 손님이 어린이를 동반했을 경우에는 어린이가 놀 수 있는 장난감이나 책을 줘서 어른들의 대화에 방해가 되지 않도록 한다.

4) 가져온 선물을 받는 방법

손님이 가져온 선물을 받을 때는 정중히 "고맙습니다"하고 기분 좋게 받는다. 내용에 따라서는 그 자리에서 열어 보는 것이 좋은 경우도 있으므로 받은 다음의 대처방법에도 배려가 필요하다.

- 케이크(cake)나 푸딩(pudding) 등은 나중에 그릇에 담아 차와 함께 내온다.
- 친한 사이일 경우에는 보는 앞에서 포장을 열고, 함께 먹는 것이 매너다.
- 선물에 대한 답례는 꼭 필요한 것은 아니지만, 무언가 주고 싶을 때는 일부러 구매하지는 말고, 집안에 있는 것을 간단하게 포장해서 선물한다. 이 때 부피가 크거나 무거운 것은 피하는 것이 좋다.
- 답례의 선물은 손님이 돌아갈 때 자연스럽게 전한다.

5) 손님대접

귀한 손님을 자신의 집으로 모셔 대접하는 것이 진정한 손님 대접이다. 비싼 식당에 가서 대접하는 일은 누구나 돈만 내면 할 수 있는 일이다. 대접을 받은 사람은 대접한 사람보다 그 식당의 분위기가 머리에 남을 따름이다.

내 집에서 손님을 모신다는 것은 나를 상대방에게 확실히 알려서 믿음의 교류가 이루어진다는 뜻이고, 특히 비즈니스, 정치, 문화 등 모든 면에서 솔직한 대화를 나누어 사업의 성취도가 확실해 진다.

6) 배웅할 때의 매너

방문객이 자리를 뜨고자 할 경우에는 기다리고 있었다는 듯한 대응은 실례다. 한빈은 붙잡고, 그래도 일어서고자 할 경우에는 아쉬워하며 배웅(send-off)을 한다. 이 때 가족 전원이 모여서 현관에서 인사를 한다. 아파트의 경우에는 엘리베이터까지 배웅을 하고, 윗사람일 경우에는 밖에 나가서 배웅을 한다. 그리고 금방 현관의 불을 끄거나 문을 잠그는 것은 금물이다. 배웅할 때 다음과 같은 배려가 필요하다.

- 손님이 돌아갈 때는 잊고 가는 것이 없는지 살펴주고, 옷매무새를 바로 할 수 있도록 도와준다.
- 손님이 연로하거나 몸이 불편할 경우에는 차를 타는 것까지 확인한다.
- 손님이 집에 도착할 무렵에 전화를 걸어 무사히 귀가했는지 확인한다.

제7장 테이블 매너

1. 호텔 레스토랑을 이용할 때
2. 회식할 때
3. 서양 요리
4. 일본 요리
5. 중국 요리

예의는 법률보다도 위대하다. 그 섬세한 것으로 해서 예절은 아무도 침해 못하는 방어벽을 둘러싼다.

R.W. 에머슨

제7장

테이블 매너

1. 호텔 레스토랑을 이용할 때

현대인은 직장의 상사나 동료들과의 회식, 그리고 국내외의 거래처 사람들이나 손님들과 식사를 같이하는 경우가 많이 있다.

동서양을 막론하고 식사를 하는 데는 여러 가지 습관과 방법이 있다. 식사시 예기치 않은 실수나 무지로 인하여 상대방에게 혐오감을 주거나 예의가 없다는 소리를 들을 수 있다.

물론 최고급 레스토랑에서 음식을 먹는 것도 중요하지만, 이런 때에 재치 있는 식사 매너로서 자기 자신을 돋보이게 할 수 있는 기회라는 점도 명심해야 한다.

테이블 매너(table manner)는 한 마디로 말해서 자기 보호와 안전이라고 할 수 있다. 따라서 음식을 탐내듯 먹는 것은 좋지 못한 행동이므로 삼가야 한다. 음식은 서둘지 말고 천천히 먹는 습관이 중요하다.

1) 사전에 예약이 필요하다

호텔 레스토랑(hotel restaurant)에서 식사를 하고 싶을 때는 반드시 예약을 해야 하며, 이 때 성명 · 일시 · 인원 등을 정확하게 알려주어야 한다. 예약할 때 유념해야 할 사항은 다음과 같다.

- 예약시 인원수 · 일시 · 식사의 목적(생일 · 환갑 등)을 알려주게 되면 업무처리가 쉬워진다.
- 예약을 해놓고 못 가게 되거나 약속시간보다 늦어질 경우에는 반드시 알려 주어야 한다.
- 식당 내에 들어서면 지배인(manager)이나 그레추레이스(greetress)의 안내에 따라 행동한다. 핸드백이나 기타의 휴대품을 테이블 위에 올려놓는 것은 금물이다.

2) 호텔 레스토랑에서 정장을 하는 곳도 있다

호텔이나 고급 레스토랑인 경우, 정장을 해야만 출입이 가능한 곳이 있다. 예약할 때 정장을 해야 하는지 확인하는 것이 바람직하다. 그리고 자기 나라의 전통의상은 무방하나 너무 화려한 복장은 삼가야 한다.

3) 지배인이나 그레추레이스 등의 안내를 받는다

사전에 예약을 했어도 마음대로 아무 좌석에 앉는 것은 금물이다. 레스토랑에 들어가면 지배인이나 그레추레이스 등이 좌석을 안내해 준다. 이 때 안내

받은 테이블의 위치가 마음에 들지 않을 경우, "저쪽 자리는 안 될까요?"라는 식의 희망을 표시하는 것도 무방하다.

지배인이나 그레추레이스 등이 맨 먼저 빼어주는 좌석이 상석이므로 그 날의 주빈(主賓)이 앉는다. 상석을 지정 받았을 때 지나칠 정도의 사양은 오히려 실례가 될 수 있다.

4) 여성이 좌석에 앉을 때는 남성이 도와준다

서양에서는 여성 존중 사상이 에티켓의 기본으로 되어 있다. 따라서 레스토랑에서 여성이 앉는 좌석을 빼어주는 것은 훌륭한 매너가 된다. 그리고 윗사람이나 여성이 동참해 있으면, 이들이 먼저 착석한 뒤에 앉아야 한다. 만약 자기 좌석만 빼고 먼저 앉는 것은 실례가 된다. 마음 속으로 상석이 어디라는 것도 알고 있어야 한다.

2. 회식할 때

회식(dining together)은 즐거운 분위기 속에서 맛있게 먹기 위한 것이다. 그러기 위해서는 주위사람들에게 불쾌감을 주지 않으면서 서로가 기분 좋게 즐겨야 한다는 마음가짐이 필요하다. 테이블 매너라고 하는 것은 나이프와 포크사용법이라고 하는 형식보다는 이러한 마음가짐이 핵심이 된다는 사실을 잊어서는 안 된다.

1) 팔꿈치를 올리거나 다리를 꼬는 것은 금물이다

식사를 할 때는 자세를 바르게 하고, 손은 무릎 위에나 테이블의 가장자리에 가볍게 올려놓는다. 테이블 위에 팔꿈치를 올린다든지

턱을 받친다든지 하는 것은 매너에 반하는 행동이다. 그리고 다리를 꼬는 것도 단정치 못한 행동이므로 의자에 허리를 붙여 반듯이 앉아서 다리를 모으도록 한다.

2) 식사 중에는 불쾌한 소리를 내지 않는다

수프(soup)를 후루룩 마시거나 음식을 씹을 때도 짭짭 소리를 내는 것은 동석한 사람에게 불쾌감을 줄 수 있다. 특히 음식을 씹을 때는 입술을 다물고, 맛을 음미하며 씹으면 불쾌한 소리가 나지 않는다.

3) 음식이 입안에 있는 채로 이야기하지 않는다

식사를 하면서 환담을 나누는 것도 매너의 하나다. 단지 입안에 음식을 넣은 상태로 우물우물 하면서 말을 하는 것은 보기에 흉하다. 품위 있게 이야기하면서 식사를 즐기려면 다음과 같은 점을 유념해야 한다.

- 음식물을 한 입에 너무 많이 넣지 않도록 한다.
- 여유를 가지고 대화를 하고, 어려운 화제는 가급적 피하는 것이 좋다.
- 상대방이 음식을 입안에 넣었을 때는 말을 시키지 않는다.
- 한참 먹고 있는 중에 누군가가 말을 걸면, 일단은 고개를 끄덕이며 제스처를 취하고, 다 삼킨 다음에 대답을 한다.

4) 주위 사람들과 먹는 속도를 맞춘다

먹는 속도가 다른 사람들보다 빠르거나, 느리지 않도록 주위 사람들과 페이스(pace)를 맞춘다. 동석자와 대화를 즐기면서 우아하게 먹을 수 있도록 한다.

5) 테이블 위에는 아무 것도 놓지 않는다

테이블에서 손가방의 위치는 등 뒤에 놓으면 가장 좋고, 테이블 위에는 가능한 아무 것도 놓지 않는다.

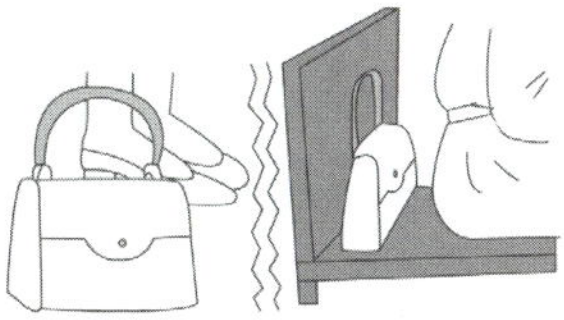

6) 재채기와 하품에 주의한다

식사 중에 큰 소리를 내거나 웃는 것은 매너에 위반된다. 또한 실수로 재채기와 하품을 했을 때도 반드시 옆 손님에게 "미안합니다"하고 사과를 한다. 특히 서양에서는 테이블에서의 트림(belching)은 아주 금기 중의 금기로 되어 있다.

7) 화장실은 식사 전에 다녀온다

식사 중에 화장실을 가는 것은 동석한 사람에 대하여 실례이며, 품위 없이 보일 수 있다. 그러므로 자리에 앉기 전에 반드시 볼일을 보고 머리나 복장의 흐트러짐이 없는지를 확인한다.

IMAGE MAKING

올바른 테이블 매너

- 식사시 테이블과 가슴과의 간격은 약 10~15cm 정도가 이상적이다.
- 웨이터를 부를 때는 오른손을 가볍게 든다.
- 웨이터를 부를 때 캔들을 흔드는 행위는 삼간다.
- 아무런 말없이 묵묵히 식사만 하는 것도 실례다.

3. 서양 요리

서양 요리는 일반적으로 코스로 이루어졌기 때문에 테이블 매너가 까다롭다. 특히 윗사람의 초대를 받은 경우에는 윗사람이 포크나 나이프를 잡은 후에 먹는 것이 매너다.

1) 풀 코스와 알 라 카르테

서양 요리에는 '풀 코스(full course)'와 '알 라 카르테(à la carte)'가 있다. 풀 코스 요리는 다음과 같은 순서대로 나오는 것이 일반적이지만, 실제로는 조금씩 생략되어 10가지 정도가 보통이다. 코스의 내용은 레스토랑에 따라 다른데 그 레스토랑의 추천요리와 계절의 소재를 사용해 요리를 조합하는 등 천차만별이다.

알 라 카르테는 일품요리로서 메뉴 중에서 코스 순서에 자신이 좋아하는 것을 골라 주문한다. 수프와 육류요리에 아이스크림을 첨가하기도 하는 등 선택은 자유롭지만, 요리의 양이 많기 때문에 적당히 감안해서 주문하지 않으면 음식을 남기는 일이 있을 수 있다.

(1) 풀코스 정식 메뉴

① 식욕 촉진주(Aperitif, Cocktail, Wine)

서구인들은 식사 전에 타액이나 위의 원활한 분비를 위해 쌉쌀한 맛을 지닌 식욕 촉진주를 마신다. 대표적인 식욕 촉진주는 쉐리(Sherry)와 버무스(Vermouth)를 꼽는다. 일반적으로 식사 전에 마시는 칵테일은 마티니(Martini)와 여성용인 맨하탄(Manhattan) 등이 있다. 식욕 촉진주는 대개 차갑게 제공된다.

② 전채요리(Appetizer)

식사 순서 중 제일 먼저 제공되어 식욕촉진을 돋구어 주는 소품 요리로, '오르되 브르(Hors-d'oeuvres)'라고도 하며, 메인 요리가 나오기 전에 먹는 '엑스트라 요리'라는 의미다.

③ 수프(Soup)

고기 뼈나 조각을 야채와 향료를 섞어서 끓여낸 국물로 스톡을 기본으로 하여 각종 재료를 넣어 만들어진 것을 말한다.

④ 빵과 버터(Bread & Butter)

빵은 요리와 함께 시작해서 디저트를 먹기 전에 끝내는 것이 좋고, 먹을 땐 나이프와 포크를 사용하지 않으며, 손으로 한 입 크기로 뜯어 버터를 발라먹는다. 빵은 테이블 왼쪽에 있는 것을 먹으면 된다.

⑤ 생선요리(Fish)

생선요리를 먹을 때는 뒤집지 말고 먹어야 하며, 가시가 입에 들어가면 포크를 이용해서 받아낸 후 접시의 구석에 놓으면 된다.

⑥ 소르베(Sorbet)

생선요리와 육류요리 사이에 제공되는 것으로 단맛이 적고 알코올 성분이 있는 셔벗(sherbet)를 말한다. 특히 소르베는 다음 코스의 식사를 위해 입안을 산뜻하게 하고 미각을 새롭게 해주는 요리로 디저트용 스푼을 이용해서 먹는다.

⑦ 육류요리(Meat)

메인코스의 기본은 쇠고기다. 쇠고기의 참맛은 붉은 육즙에 있으므로 살짝 구울수록 고기의 참맛을 즐길 수 있다. 스테이크는 한 번에 썰어 놓고 먹기보다는 잘라가며 먹어야 한다. 전부 잘라놓고 먹으면 육즙이 흘러내려 스테이크의 맛이 떨어질 뿐 아니라 금방 식어버린다. 스테이크를 자를 때는 왼쪽에서부터 자른다. 쇠고기는 주로 Rare, Medium Rare, Medium, Medium well-done, Well-done으로 굽는다.

⑧ 샐러드(Salad)

육류와 야채는 맛에서도 조화를 이루지만, 육류는 산성이 강한 음식이므로 알칼리성이 강한 생야채를 샐러드로 먹음으로써 중화시킬 수 있다. 샐러드는 샐러드용 나이프와 포크가 제공되지만, 포크만을 사용해서 먹어도 무방하다.

⑨ 디저트(Dessert)

디저트로는 치즈, 과자, 케이크, 과일 등이 나온다.

⑩ 식후주(Digestif)

식후주는 소화 촉진주이다. 식후 커피를 마실 때 웨이터가 식후주 주문을 받는다. 식후주는 남성이 즐기는 브랜디와 여성이 즐기는 리큐어가 있다.

IMAGE MAKING

빵 먹는 법

아침식사에는 흔히 토스트 빵이나 크루아상이 나온다. 아침식사에 나오는 토스트는 노르스름하게 구워서 바구니에 냅킨으로 싸서 나오는데 우선 그 향기에 취하게 된다. 아침의 토스트는 나이프로 잘라서 네 쪽이 되면 한쪽을 쥐고 버터나 잼을 발라서 먹는 것이 매너다. 프랑스빵 크루아상이나 롤빵은 손으로 한입크기로 떼어서 먹는다. 절대로 치아로 잘라서 먹으면 안된다.

(2) 풀코스의 테이블 셋팅

① 자리 접시(plate of place)
② 냅킨(napkin)
③ 애피타이저용(knife for appetizer)
④ 수프 스푼(soup spon)
⑤ 생선용 나이프, 포크(knife and fork for fish)
⑥ 육류용 나이프, 포크(knife and fork for meat)
⑦ 버터 나이프(Butter knife)
⑧ 빵접시(bread plate)
⑨ 버터 접시(butter plate)
⑩ 잼 접시(jam plate)
⑪ 물컵(water glass)
⑫ 백포도주 컵(white wine)
⑬ 적포도주 컵(red wine)
⑭ 샴페인 컵(champagne glass)
⑮ 기타 주류용 컵
⑯ 조미료(salt and paper)
⑰ 디저트용 스푼, 포크, 나이프(spon fork and knife for desserts)

2) 나이프 · 포크 사용법

가운데 접시를 중심으로 나이프와 포크는 각각 오른쪽과 왼쪽에 놓이게 된다. 따라서 있는 그대로 나이프는 오른손에, 포크는 왼손에 잡으면 된다. 양식에서의 나이프와 포크는 하나만을 계속해서 사용하는 것이 아니라 코스에 따라 각각 다른 것을 사용한다. 나이프와 포크는 바깥쪽에 있는 것부터 안쪽으로 순서대로 사용하면 된다.

포크와 나이프 쥐는 법 | 식사 중인 사인 | 식사 종료의 사인

식사 중인 사인: 포크와 나이프를 오른쪽으로 가지런히 놓는다

식사 종료의 사인: 포크와 나이프를 그림과 같이 '八'자형으로 놓는다.

3) 냅킨의 올바른 사용법

의자에 앉자마자 냅킨(napkin)부터 펴는 것은 너무 성급한 행동이다. 냅킨은 손님들이 착석하고, 옆 손님들과 한두 마디 이야기를 나눈 다음 천천히 자연스럽게 펴는 것이 좋다. 또한 냅킨은 두 겹으로 접힌 상태에서 접힌 쪽이 자기 앞으로 오게 하며, 무릎 위에 놓는 것이 상식이다.

냅킨은 입술을 닦거나 핑거 보울(finger bowl)을 사용하였을 때, 손가락을 가볍게 닦는 정도로 사용한다. 만약 식사 전에 냅킨을 가지고 나이프나 포크 · 접시 등을 닦거나, 또는 얼굴이나 목 · 손의 땀을 닦는 것은 매너에 어긋난다.

냅킨을 테이블 위에 놓아두면 식사가 끝났다는 의미로 해석되어

웨이터가 요리 접시를 가져갈 염려가 있으므로 냅킨은 의자 위에 놓고 나가는 것이 좋다. 그리고 식사가 다 끝나 일어날 때는 냅킨을 자연스럽게 접어 테이블 왼쪽이나 앞에 놓는다.

식사가 끝났을 때

식사 중일 때

4) 요리에 손을 대는 것은 모든 음식이 나오고 나서 먹는다

풀 코스든지 일품요리든지 자신의 앞에 요리가 나오자마자 급히 음식에 손을 대는 것은 매너에 위배된다. 동석자 전원이 요리가 나온 것을 확인하고 나서, 나이프와 포크(knife and fork)를 사용해 음식을 먹는다.

IMAGE MAKING

나이프와 포크사용 매너

- 밖에 놓인 것부터 안쪽으로 들어가며 하나씩 사용한다.
- 나이프는 오른손으로 사용한다.
- 포크로 찍은 것은 한 입에 먹는다.
- 스테이크를 먹을 때는 포크는 왼손, 나이프는 오른손으로 사용한다.
- 음식을 자른 뒤 나이프는 접시에 걸쳐두고, 포크를 오른손에 바꿔들고 먹어도 무방하다.
- 상대방이 식사중일 때는 접시 중앙이나 테두리에 '八'자형으로 놓고 나이프의 날은 안쪽을 향하도록 한다.
- 식사가 끝나면 나이프는 뒤쪽에, 포크는 자기 앞쪽에 오도록 가지런히 모아서 접시 중앙의 오른쪽에 비스듬히 정열해 놓는다.

음식 먹는 방법

고기는 왼쪽에서부터 한 입 크기로 자른다.

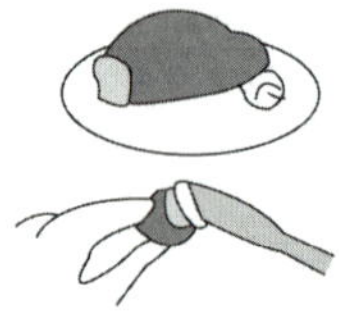

빵은 한 입 크기로 자르고, 버터 나이프로 버터를 발라 먹는다.

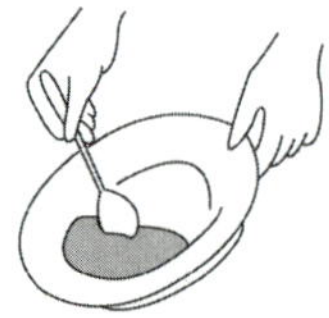

수프는 스푼으로 가까운 쪽에서부터 먹는다.

5) 떨어트린 집기는 줍지 않는다

나이프와 포크를 떨어트렸을 경우 당황하지 말고, 다음과 같은 요령으로 행동한다.

- 동석자에게 "실례했습니다"하고 사과한다.
- 스스로 줍지 않고, 웨이터에게 가볍게 손을 흔들어 신호한다.
- 웨이터가 오면 "나이프를 떨어트렸습니다. 바꾸어 주시겠어요?" 하고 정중히 부탁한다.
- 새 것으로 가져왔으면 "고맙습니다"하고 인사를 한다.

6) 담배는 식사 후에 피운다

자리에 앉은 채로 담배를 피우는 사람이 있는데, 주위의 사람을 불편하게 할 수가 있으므로 흡연 매너는 반드시 지켜야 한다.

- 테이블 위에 재떨이가 있어도 식사 중에는 절대로 금연한다.
- 담배를 피우고 싶을 때는 디저트가 나온 다음에 피운다.
- 동석한 사람들의 얼굴에 연기를 내뱉지 않도록 한다.

- 담배를 다 피운 후에는 연기가 나지 않도록 한다.
- 여성의 경우 필터에 입술 자국이 나지 않도록 주의한다.

7) 자리에서 일어날 때는 각별히 주의한다

요리를 다 먹었다고 해서 혼자만 자리에서 일어나면 안 된다. 주최측에서 인사가 있는 후에 일어서는 것이 예의다. 만약 볼일이 있어 먼저 일어나야 할 경우에는 미리부터 출입구에 가까이 앉았다가 기회를 봐서 눈에 띄지 않도록 자리를 떠난다.

8) 이쑤시개를 요구해서는 안 된다

식사가 끝나자마자 이쑤시개(toothpick)를 찾는 사람이 있는데, 서양에서는 정식만찬 때 이쑤시개를 놓지 않는다. 따라서 손님들도 테이블에서 이쑤시개를 요구해서는 안 된다. 만약 이쑤시개가 테이블에 준비되어 있는 경우에도 테이블에 앉아서는 사용하지 않는 것이 매너다.

9) 테이블에서의 화장은 금물이다

식후에 테이블에서 립스틱(lipstick)을 꺼내 입술연지를 바르거나,

또는 콤팩트(compact)를 꺼내 분화장을 하는 행위는 삼가야 한다.

10) 화장은 연하게 한다

강한 향수는 요리의 냄새와 맛에 영향을 미칠 수 있다. 회식 자리에서는 향수는 약간 연하게 하는 것이 매너다. 그리고 진한 입술의 루주(rouge), 즉 립스틱(lipstick)도 글라스 등에 자국이 남는다는 점을 주의해야 한다. 입술을 바르고 티슈페이퍼(tissue paper)를 입술로 물어 기름기를 제거하게 되면 입술에 자국이 남는 것을 예방할 수 있다.

4. 일본 요리

일본에는 도쿄(東京)를 중심으로 세계의 모든 요리들이 집합되어 있다. 일본요리의 특징은 4면이 바다로 둘러싸여 남북으로 길게 뻗은 지형의 영향으로 재료의 종류가 많고 해산물을 풍부하게 사용한다는 점이다. 특히 쌀을 주식으로 하고 풍부한 농산물 및 해산물을 부식으로 한 식생활 문화가 형성되었는데, 일반적으로 색채와 모양이 아름다우면서도 맛이 담백하여 향기 · 감촉 · 씹는 맛 등 풍미가 뛰어나다. 또한 일본요리는 '눈으로 보는 요리'라고 불리듯 외형의 아름다움을 중시하므로 그릇은 물론, 계절에 따라 재료나 음식 담는 방법 등에 세심히 주의를 기울여 한층 미각(味覺)을 자극한다.

1) 혼젠 요리와 가이세키 요리

가이세키(懷石)는 차를 마시는 자리에 나오는 간단한 요리이고, 가이세키(會石)는 일본의 정식 연회요리다. 일식의 형식은 시대와 함께 변화되어 왔는데, 식사의 유형에 따라 혼젠(本膳) 요리, 가이세키 요리, 가이세키 요리로 나누어진다.

- 혼젠(本膳) 요리 : 최근에는 그다지 접할 기회가 많지 않지만, 예로부터 관혼상제에 사용되어 왔다. 혼젠 요리는 전통적인 일본 요리다.
- 가이세키(懷石) 요리 : 차를 마시는 자리에 나오는 요리다.
- 가이세키(會石) 요리 : 혼젠 요리가 약식화된 것으로 결혼 피로연 등에서는 일반적인 요리다.

(1) 일반적인 일본요리 메뉴

① 젠사이(ぜんさい)

식전에 내는 안주요리로서 서양의 전채요리 영향을 받아 생겨났으며, 3품, 5품의 모리츠케(もりつけ)가 주로 쓰인다. 젠사이 그릇에 세 가지 또는 다섯 가지의 음식을 조금씩 낸다.

② 스이모노(すいもの)

스이모노(맑은 국)는 주로 생선회를 먹기 전에 나오는데, 이는 생선회의 참맛을 즐길 수 있도록 입을 가셔 주는 역할을 한다.

③ 츠쿠리(つくり)

츠쿠리(생선회)는 일본의 대표적인 요리로 '사시미(さしみ)'라고도 한다. 일반적으로 어패류를 사용하는데, 무채를 썰은 켕(けん) 위에 시소(しそ)를 얹고, 3~5종의 생선회를 낸다.

④ 야키모노(やきもの)

야키모노(생선구이)는 생선이나 육류 등도 사용했으나, 현재는 거의 생선 소금구이, 간장구이, 된장구이, 꼬치구이 등이 나온다. 일반적으로 직화로 구우며, 구이 옆에 곁들임으로 나오는 요리를 아시라이(あしらい)라고 한다.

⑤ 아게모노(あげもの)

아게모노(튀김요리)는 다량의 기름에 재료를 넣어 튀겨낸 요리로서 주로 식물성을 사용하고 요리 밑에는 창호지나 당면 튀긴 것을 깔고 그 위에 요리를 담아내는 경우가 많다.

⑥ 니모노(にもの)

니모노(조림요리)는 식사 때의 찬으로서 역할도 하며, 때에 따라서는 카이세키(會席料理)에서 식사 바로 전에 나오기도 한다.

⑦ 스노모노(すのもの)

주로 해초나 해물 등의 재료에 식초와 설탕, 간장, 청주 등으로 만든 삼바이즈(さんばいず)나 아마스(あます) 같은 소스를 곁들인 요리로서 새콤달콤한 맛으로 입맛을 개운하게 해 준다.

⑧ 쇼쿠지(しょくじ)

쇼쿠지(식사)는 보통은 밥과 된장국을 내기도 하지만, 주먹밥을

구운 야키메시(やきめし)나 차즈케(ちゃづけ), 죽, 초밥 등 변화스럽게 식사를 내는 경우도 있다. 또 메밀국수나 우동, 소면 등을 주문을 받기도 한다.

⑨ 구다모노(くだもの)

최종적으로 나오는 디저트로서 보통은 계절과일이 나오는 경우가 많이 있고, 맛차나 아이스크림 또는 커피가 나오기도 한다.

(2) 혼젠 요리풍의 가이세키(會石)요리 상차림

① 과일 ② 초무침 ③ 튀김 ④ 찜요리 ⑤ 삶은 요리 ⑥ 생선회 ⑦ 맑은 국 ⑧ 전채 ⑨ 구이류

2) 젓가락 사용법은 일식 매너의 기본이다

일식에서는 '젓가락으로 시작해서 젓가락으로 끝난다'고 할 정도

로 젓가락 사용이 중요하다.

아름답고 품위 있게 먹기 위해서는 젓가락을 바르게 사용해야 한다. 항상 바른 젓가락 잡기, 들기, 움직이기, 놓기 등을 몸으로 익히도록 한다. 젓가락 사용에는 여러 가지 금기시하는 사항이 있다. 금기시하는 이유는 단지 보기 흉한 것만이 아니다.

예를 들어 젓가락으로 서로가 음식을 전달하는 것은 매우 나쁜 이미지를 갖게 한다. 젓가락 사용의 금기사항은 다음과 같다.

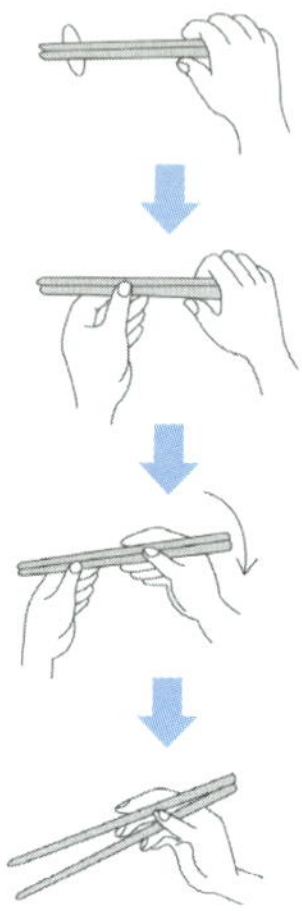

젓가락 사용법

- 반찬을 앞에 두고 젓가락으로 망설이는 행위
- 젓가락으로 그릇을 돌리는 행위
- 젓가락으로 음식을 찔러보는 행위
- 젓가락으로 음식을 주고받는 행위
- 그릇 위에 젓가락을 가로질러 올려놓는 행위
- 젓가락 끝을 입으로 빠는 행위

3) 냅킨 대신에 별도의 카이시(종이티슈 · 손수건)를 준비한다

서양요리에는 냅킨이라고 하는 편리한 것이 있지만, 일식에는 그것에 해당하는 것이 카이시(懷紙)다. 카이시는 다음과 같이 여러 가지 용도로 사용된다.

- 상에 떨어뜨린 국물을 닦을 때 사용한다.
- 국물이 떨어지기 쉬운 요리의 받침대로 사용한다.

- 식사가 끝난 후 생선의 뼈 등을 싸놓을 때 사용한다.
- 사용한 젓가락을 닦아서 깨끗이 한다.

4) 전채요리는 왼쪽부터 먹는다

계절요리를 3가지 · 5가지 · 7가지로 색깔 좋게 만들어 둔 전채는 어느 부분부터라는 규정은 없지만, 일반적으로 왼쪽부터 젓가락을 대서 점차 오른쪽으로 먹으면 보기에도 좋다.

5) 마시는 음식은 소리가 나지 않도록 한다

마시는 음식은 먼저 향을 음미하고, 국물을 한 입에 넣고서 내용물을 조금 먹은 다음 국물과 건더기를 교대로 먹는다. 또한 국물을 마실 때는 젓가락을 든 채로도 상관없지만, 젓가락은 반드시 가지런히 모아져 있어야 한다.

6) 국물이 있는 음식과 밥은 한 숟가락씩 교대로 먹는다

처음에 국물, 다음엔 밥을 한 입씩 교대로 먹는다. 향이 있는 음식을 먹을 때는 밥 위에 뿌려서 먹으면 안 된다. 밥을 더 먹을 때는 한 스푼 정도 남기고, 그릇을 두 손으로 들고 그릇을 건넨다.

IMAGE MAKING

식전 음주는 2잔까지만

서구에서는 습관적으로 식사 전에 마시는 술은 식욕을 돋구어 준다고 알려져 있다. 그 중에서도 특히 인기가 있는 것이 세리와인 · 버무스 · 마티니이고, 다음이 진토닉 · 캄파리 소다 순이다. 이 밖에도 글라스 샴페인 등도 자주 이용되고 있다. 그러나 식사 전에 마시는 술이 아무리 식욕을 돋구어 준다고 하지만, 2잔 이상을 마시는 것은 바람직하지 않다. 식전에 너무 많이 마시면 나중에 포도주를 마실 수 없게 되고, 요리도 맛을 느끼지 못하게 된다.

5. 중국 요리

중국 여행의 커다란 매력은 싸고 맛있는 요리를 맛보는데 있다. 원래 중국대륙은 영토가 광대하여 지방마다 서로 다른 독특한 맛과 조리법이 있어 다양한 것이 특색이다. 레스토랑이란 말은 찬팅, 판디엔, 주러우, 차이관 등 여러 가지 명칭이 있다.

일반적으로 음식점 이름의 일부, 또는 음식점 이름 옆에 베이핑(北平), 지앙처(江浙), 상차이(湘菜), 촨차이(川菜), 아오차이 등의 문자가 들어 있어 이것으로 요리의 종류를 알 수 있다. 즉 베이핑은 베이징(北京) 요리, 지앙처는 상하이(上海) 요리, 상차이는 후난(湖南) 요리, 촨차이는 스촨(四川) 요리, 아오차이는 광퉁(廣東) 요리를 말한다.

1) 지역별 음식

① 베이징요리

베이징(北京)요리는 중국 북부지방의 요리로써 한랭한 기후 탓에 높은 칼로리가 요구되어 강한 불로 짧은 시간에 만들어 내는 튀김요리와 볶음요리가 많다. 오랫동안 중국의 수도로써 황궁이 있었던 관계로, 궁중요리의 계보를 이은 중국요리의 정수를 간직하고 섬세하고 세련미가 있으며, 미적 감각이 탁월한 것이 큰 특징이다. 대표적인 요리는 베이징 덕, 양통구이, 물만두 등이 있다.

② 상하이요리

상하이(上海)요리는 중국의 중부지방을 대표하는 요리로 일면 '남경요리'라고도 하며, 남경 · 소주 · 항주 · 상해 · 영주 등의 요리가 이에 속한다. 일찍이 지역적 여건 탓에 해산물과 미곡이 풍부해 식문화가 발달하였으며, 맛이 진하며 간장과 설탕을 많이 사용한다. 특히 상하이는 바다에 접해있어 해물요리와 게요리 등이 유명하다.

③ 후난요리

후난(湖南)의 서부와 남부는 산이 많아 산에서 나는 음식들이 풍부하며, 북부는 평원이 있어 '물고기와 곡식의 고향'이라 불리고 있다. 후난요리는 간단히 샹차이(湘菜)라 부르며 원료선택이 다양하여 맛은 물론 요리 종류가 다양하다. 특히 불조절을 통해 요리의 맛을 창출하는 부분을 중요하게 여기며, 칼 사용법이 색다르고 모양과 맛이 모두 훌륭하다는 점이다. 대표적인 요리는 이장치엔쿤(一掌前坤), 지아오위토우(椒魚頭) 등이 유명하다.

④ 스촨요리

스촨(四川)은 황화와 장강의 중간에 위치하고 있으며, 광퉁요리와 더불어 국외로 진출하여 중국을 대표하는 요리가 되었다. 특히 스촨은 바다가 먼 분지여서 추위와 더위가 심한 악천후를 이겨내기 위해 향신료를 많이 사용하였다. 또한 고추, 후추, 산초를 많이 사용하여 맛과 향이 진하고 매운 맛이 강하다. 대표적인 요리는 마파두부(麻婆豆腐), 과파삼선(鍋巴三鮮), 궁보계정(宮寶鷄丁) 등이 유명하다.

⑤ 광퉁요리

광퉁(廣東)은 중국의 최남단에 위치하며, 전 지역이 아열대 또는 열대성 기후에 속한다. 특히 광퉁은 풍부한 식재료를 이용한 요리로 유명하며, 일찍이 외국과의 교류가 활발한 탓에 서양의 음식문화가 가미되면서 화려하고 국제적인 감각을 겸비한 중국요리의 최고봉으로 인식되고 있다. 음식의 색과 장식을 중요하게 여기며, 맛이 담백하고 부드러우면서도 시원한 맛을 강조한다. 대표적인 요리는 구운 돼지고기, 새끼 통돼지 구이, 딤섬, 상어지느러미 등이 있다.

2) 메뉴를 읽을 때의 포인트

중국요리의 메뉴는 보통 4문자 · 5문자 · 6문자로 쓰여 있는데, 그 중에 가장 일반적인 것은 4문자 메뉴다. 메뉴에는 소재 · 요리법 · 자르는 법 · 모양 등으로 구성되어 있으므로 자주 사용하는 한자를 암기하면 메뉴를 보는 것만으로도 대체로 어떠한 요리인지 알 수가 있다.

(1) 일반적인 중국요리 메뉴

① 첸차이(前菜)

첸차이는 냉채를 많이 내는데, 식사를 하기 전에 술을 함께 곁들이면 좋다. 일반적으로 찬요리 2가지와 뜨거운 요리 2가지를 내는 것이 보통이다. 그리고 첸차이의 하나로서 더운 요리 중에 러차이(熱盤)를 낸다. 러차이는 주된 요리와 연결시켜주는 역할을 하며 상어지느러미 등이 있다.

② 탕차이(湯菜)

탕차이는 일정한 규칙이 있는 것이 아니라 요리의 중간이나 나중에 나올 수도 있다. 연회 시 탕차이는 러차이가 나온 뒤에 나오는 것이 순서다. 고급재료로 만든 탕차이는 연회 중간에 나오기도 하며, 일명 '두채(頭菜)'라고도 한다.

③ 주차이, 따차이(主菜, 大菜)

주차이는 탕, 튀김, 볶음, 유채(조미한 물녹말을 얹은 요리) 등의 순서로 나오는 것이 일반적이나 순서 없이 나오기도 한다. 대규모의 연회에서는 찜, 삶은 요리 등이 추가된다.

- 차오차이(炒菜)는 볶음요리로 해삼전복과 새우칠리소스 등이 있다.
- 지엔차이(煎菜)는 기름에 볶거나 지져서 수분 없이 만드는 요리를 말한다.
- 자차이(炸菜)는 닭고기 튀김, 갈비 튀김 및 쇠고기 튀김을 말한다.
- 먼차이(燜菜)는 마파두부, 해삼게살 요리를 말한다.
- 리우차이(熘菜)는 류산슬, 야채요리를 말한다.
- 뚠차이(炖菜)는 약한 불에서 장시간 끓이는 요리를 말한다.
- 카오차이(烤菜)는 뜨거운 공기와 복사열로 직접 익히는 조리법을 말한다.

④ 톈신(點心)

코스의 마지막을 장식하는 요리로 요리의 맛이 남아 있는 입안을 단맛으로 전환해주는 의미가 포함되어 있다. 일반적으로 복숭아조림, 중국약식, 사과탕 등이 나온다.

(2) 수프 먹는 방법

수프를 먹을 때는 젓가락을 놓고, 사기 숟가락을 오른손에 쥐고 먹는다.

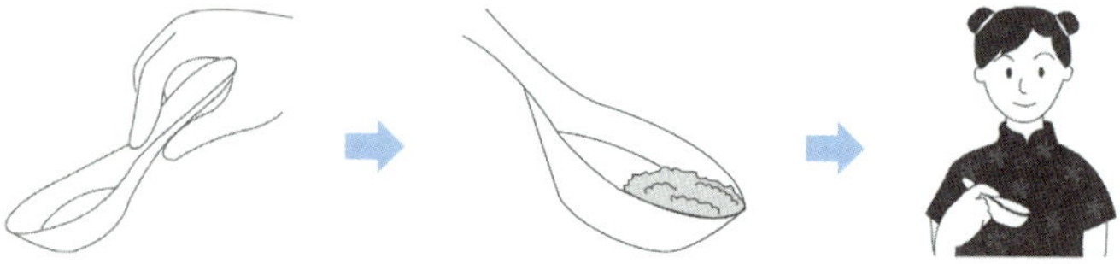

수프 먹는 방법

(3) 중국요리의 테이블 세팅

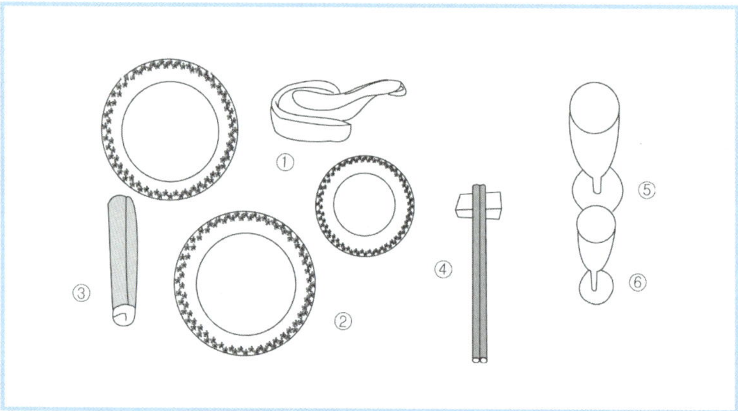

① 사기 숟가락 ② 요리를 덜어 먹는 접시 ③ 물수건
④ 젓가락 ⑤ 와인용 글라스 ⑥ 곡주용 글라스

3) 중국요리의 주문 요령

- 술과 차의 종류를 확실히 알고 주문하면 좋다.
- 4명 이상인 경우에는 요리 중에 수프류를 넣는다.

- 세트메뉴가 있는 경우에는 요리를 일일이 주문하는 것보다 세트 메뉴를 주문하면 훨씬 경제적이다.
- 재료와 조리법 · 소스 등이 중복되지 않도록 주문한다.
- 해물 · 상어지느러미 · 제비집 등은 일단 가격이 비싸다는 것을 알아둔다.
- 처음 이용시에는 웨이터에게 자신의 취향을 알려주고, 도움을 받는 것이 좋다.

4) 원탁에도 상석이 있다

요리는 우선 상석의 손님 앞에 먼저 준비하고, 그리고 다음과 같은 순서로 식사를 시작한다.

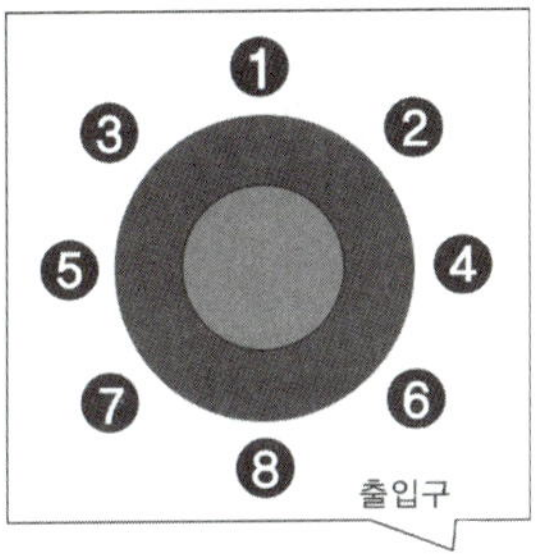

- 원형의 회전탁자는 넓은 궁중문화에서 생겨난 문화이며 음식을 즐기는 중국 특유의 식탁이다.
- 회전음식이 자기 앞에 오게 되면 남아있는 사람의 수를 고려하여 음식을 덜어 먹는다.
- 새로운 요리가 나올 때마다 맛이 섞이지 않도록 새로운 접시를 사용한다.
- 회전탁자의 회전방향은 시계방향이 원칙이다.
- 요리를 먼저 덜 때는 "먼저 실례합니다"하고 요리를 덜고 난 후 옆 사람에게 테이블을 돌려놓는다.
- 다음 사람이 요리를 덜고 있을 때는 테이블을 돌리지 않는다.

- 자신의 접시와 컵 등은 회전탁자에 올려놓지 않는다.
- 한 번 돌아간 음식이 아직 남아 있으면 더 들어도 좋다.
- 자신의 앞에 요리가 돌아왔을 때, 옆 사람에게 "먼저 드십시오"하고 양보하는 것은 바람직하지 않다.

5) 개인 접시는 요리 종류에 따라 바꾸는 것이 좋다

요리가 나올 때마다 개인접시는 새로운 접시에 먹는 것이 맛이 섞이지 않아 요리를 보다 맛있게 먹을 수 있다. 그러나 접시에 다른 음식이 그다지 많이 묻어 있지 않을 때는 계속해서 사용해도 아무 상관이 없다.

6) 요리는 먹을 수 있을 만큼만 덜어 먹는다

좋아하는 요리가 자신의 앞에 왔다고 해서 너무 많이 덜어버리면 마지막 사람이 그 요리를 맛볼 수 없는 경우도 있기 때문에 다음사람을 생각해 가면서 자신의 몫을 덜도록 한다.

7) 개인 접시를 손으로 들고서 먹는 것은 금물이다

개인 접시는 손에 들지 않고, 원탁에 놓은 상태로 먹는 것이 바람직하다. 요리를 덜 때도 개인 접시를 요리접시에 가까이 두고 테이블 위에 놓은 상태로 요리접시에 있는 서비스 숟가락과 포크를 사용해서 요리를 덜도록 한다. 개인 접시가 모자랄 경우에는 웨이터에게 새로운 접시를 요구한다.

IMAGE MAKING

테이블의 종류

- 정사각형 테이블 : 공식적이고 딱딱하여 폐쇄적인 느낌을 준다.
- 직사각형 테이블 : 여럿이 앉을 경우에는 권위적일 수 있다.
- 원형 테이블 : 캐주얼하고 개방적이다.

제8장 파티 매너

1. 파티의 기본 매너
2. 파티의 형식
3. 파티에 초대하는 법

당신의 이름은 생각이 안 나지만, 하는 행동은 기억에 새롭습니다.

O. 하포드

제8장

파티 매너

1. 파티의 기본 매너

'파티(party)'란 그것이 어떤 형식으로 열리든 그 목적은 서로가 허물없이 마음을 터놓고 이해하고 즐기면서 친밀한 인간관계를 보다 깊게 하는 데 있다. 또한 파티는 많은 사람들이 다같이 즐기기 위한 것으로 어느 정도의 룰이 정해져 있다. 예를 들면 형식과 시간·복장 등이 정해져 있는 것이다.

파티에서는 매너도 소홀히 할 수 없다. 매너란 자기 본위의 행동을 삼가고, 상대방의 입장이나 기분을 생각하고, 화제는 다같이 즐길 수 있는 것을 찾는 것이다. 이와 같은 태도는 일상적인 사회생활에서도 항상 그 사람을 매력적으로 보이게 할 것이다. 또한 평소부터 좋은 인상을 주는 사람이라면 파티석상에서도 좋은 인상을 여러 사람에게 줄 것이다.

따라서 파티석상에서는 항상 사람들의 기분을 소중히 생각하고, 극히 자연스러운 태로도 임해야 할 것이다.

1) 파티의 종류

파티에는 창업 · 신사옥 낙성 · 신입사원 피로연 등의 기념식과 단골 거래처 초대회의와 같이 사은(私恩)을 목적으로 하거나, 그밖에 업계의 총회와 신년축하회 · 영전 · 서훈 · 장수축하회 등 개인적인 것까지 여러 가지가 있다.

파티 매너는 점차 간소화되고 있는 경향이지만, 때에 따라서는 아직도 그 형식이나 격식이 까다로운 것이 있다. 따라서 매너를 익혀놓는 것은 단순히 창피함을 면하는 것 뿐만이 아니고 자신의 명예를 높인다는 점에서 매우 중요한 일이다.

2) 주최측에 대한 인사

파티장에 도착하면 우선 주최측에 인사를 하고, 초청에 대한 감사의 말을 전하도록 한다. 그러나 시간을 오래 끄는 것은 금물이다.

파티장을 떠날 때는 주최측에 감사의 뜻을 표시하는 것이 예의지만, 주최자가 바쁘거나 대화중일 때는 특별히 인사를 하지 않더라도 상관이 없다. 오히려 살짝 빠져 나오는 편이 더 낫다고 본다. 특히 개인이 주최하는 파티인 경우에는 다음날 잊지 말고 감사의 전화를 하는 것이 예의다.

3) 파티에 참가할 때의 복장

일반적인 친구끼리의 파티라면 평상복 차림은 무방하겠지만, 특정한 사람을 위한 파티라면 다소 격식을 갖춘 복장을 해야 한다.

- 남성의 경우 경사(慶事)의 복장은 턱시도(tuxedo), 모닝코트(morning

coat), 약식예복 등이 있다. 격식 있는 파티의 안내장에 '블랙타이(black tie)'로 되어 있으면 턱시도를 입는다. 안내장에 '평복'이라고 되어 있을 때는 다크셔츠(dark shirt)를 입는다.

- 여성의 경우에 예복은 이브닝 드레스(evening dress)가 정상이지만, 자사가 주최하는 파티와 상사 자녀의 결혼식 등은 원피스(one piece)나 다크셔츠에 코사쥬 등으로 악센트를 주는 정도가 무난하다. 장소에 따라서 한복을 입는 것도 좋다.

4) 바른 몸가짐

꾸밈이 없는 순박한 몸가짐은 그 사람의 얼굴 표정이나 몸매에서 나타난다. 단정하고 우아한 몸가짐을 가진 사람에게서 인품이 저절로 드러나 보이며, 몸가짐이 바르고 정중한 사람과 함께 생활하면 편안하고 안정감이 들게 마련이다.

파티에 참가할 때 다음 사항을 유념한다.

- 머리를 손질한다.
- 약간 화려한 넥타이를 맨다.
- 구두를 손질한다.
- 손톱이나 치아의 청결 등에 유의한다.
- 깨끗한 와이셔츠(백색이 무난함)를 입는다.
- 바지를 손질한다.

◦ 손수건은 2장 이상 준비한다.

5) 식사는 풀 코스의 순서에 따라 먹는다

먹는 순서는 전채로 시작해 생선요리 · 고기요리 순서로 먹는 것이 좋다. 사람이 붐비면 생각대로 하기가 쉽지 않지만, 가능하면 풀 코스의 순서대로 먹도록 한다.

6) 접시 하나에 여러 가지 요리를 올리지 않는다

자주 요리를 가지러 가는 수고를 줄이기 위하여 하나의 접시에 몇 가지의 요리를 산처럼 쌓는 사람들이 있는데, 이것은 스스로 매너가 없음을 드러내는 것과 같은 것이다. 하나의 접시에는 2, 3가지의 요리만 올리고, 다 먹고 나서 나시 요리를 가지러 가도록 한다.

또한 따끈한 요리와 차가운 요리를 같은 접시에 올리는 것도 곤란하다. 이것은 모처럼 만든 요리의 제맛을 손상하게 하는 것이다. 그리고 소스(sauce)가 뿌려진 요리와 다른 요리를 섞어 먹는 것도 바람직하지 않다. 소스가 다른 요리의 맛을 다르게 할 수도 있기 때문이다.

7) 환담을 할 때는 접시를 놓고 음료수만으로

입식파티(standing party) 파티는 많은 사람들과 교류하고 친목을 도모하는 것이 목적이다. 먹고 마시는 것에만 몰두하지 말고 참석자들과 대화를 즐기도록 한다. 사람들과 이야기를 할 때는 음료수만을 들고, 접시는 테이블 위에 놓는다. 빈 접시는 테이블 한쪽에 놓고, 웨이터에게 치우도록 한다.

입식 파티의 매너

메인 테이블 앞에 멈추어 서지 않는다.

요리에 욕심내지 않는다.

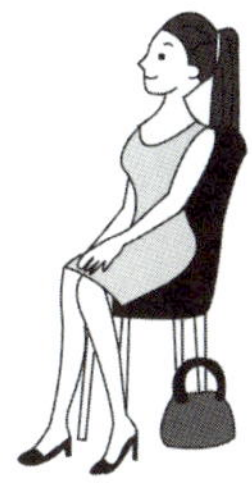

의자에 장시간 앉지 않는다.

사용한 접시에 새로운 요리를 담지 않는다.

커피를 마실 때는 작은 접시를 사용한다.

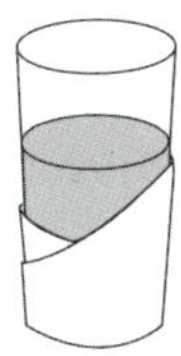

글라스에 감은 냅킨은 벗기지 않는다.

접시가 깨끗할 때는 접시 위에 글라스를 올려 놓아도 좋다.

접시를 한 사람이 하나만 사용한다.

사용한 접시나 글라스를 메인 테이블위에 놓지 않는다.

IMAGE MAKING 만찬에서의 매너

- 지정된 시간보다 5분 정도 전에 도착하여 다른 사람들과 인사를 나눈다.
- 만찬이 끝나기 전에 자리를 뜨는 것은 예의에 어긋난다.
- 초대받았던 사람은 귀가 후 48시간 이내에 감사의 전화를 하는 것이 예의다.

2. 파티의 형식

오찬·만찬·리셉션 등의 각종 연회는 사교상 매우 중요한 행사로서 주최측과 손님 모두가 매너를 준수해야만 비로소 성공적인 연회로 이끌 수 있다.

1) 디너 파티(dinner party)

연회야말로 서양 매너가 집약되어 나타나는 사교행사인 것이다. 그 중에서도 특히 만찬은 가장 중요하고 뜻 깊은 사교행사로서 그 격식과 절차가 엄격하다. 만찬은 그 형식에 따라 공식(formal)·비공식(informal)으로 나눌 수 있다. 우선 비공식 만찬에 대해 살펴보면 영국의 상류사회에서는 반드시 디너 재킷인 턱시도나 이브닝드레스를 입고 참석한다. 그러나 이를 엄격히 지키지 않는 사회에서는 약식디너 초대시 특별한 통지가 없는 경우 평복을 입고 참석해도 무방하다. 이처럼 약식만찬의 경우에는 구두로 초대를 하며 복장은 특별히 지정하지 않는 한, 그 사회의 관습에 따른다.

공식 만찬에서는 초대시 구두통보를 하거나 초대장을 이용하며, 복장은 연미복(tail coat)이나 턱시도를 착용한다.

2) 런치 파티(lunch party)

런치파티는 오찬회(午餐會)를 말하는 것으로 정오부터 오후 2시 사이에 개최되며, 가벼운 식사가 나온다. 착석 파티에서는 좌석이 정해져 있으므로 지각과 중도의 퇴실은 실례가 된다. 복장은 평복도 상관없다. 오찬의 준비요령은 만찬과 같다. 그러나 만찬과 비교할 때 훨씬 간소하여, 호스티스(hostess)는 손님을 맞이할 때 굳이 입구에서 있지 않아도 되며 샴페인도 사용하지 않는다. 영어의 'Luncheon'은 격식을 차린 표현이고 'Lunch'는 일반적인 표현이라 할 수 있다.

3) 칵테일 파티(cocktail party)

'칵테일 파티'란 이름에서도 알 수 있듯이 칵테일을 주로 하고 안주로서 카나페(canapé) 정도를 곁들여 내어 손님을 접대하는 사교행사다. 시간은 보통 5시 이후에 시작하는 것이 보통이다.

'카나페'란 오르되브르(hors d'oeuvre)의 일종으로 식전(食前)음료나 칵테일 파티의 안주로 많이 제공된다. 오픈 샌드위치(open sandwich)와 같이 다양한 모양으로 얇고 작게 자른 토스트 위에 거위간 · 캐비어 · 훈제연어 · 치즈 · 햄 등을 예쁘게 장식해 은쟁반에 담아 내놓는데 카나페는 손으로 집어 먹는다.

칵테일은 두 가지 이상의 술을 혼합해 만드는 American Mixed Drink이지만, 일반적으로 식전주(apéritif)로서 카나페와 함께 내는 것으로도 잘 알려져 있다. 따라서 종류도 매우 다양하다.

그러나 칵테일 파티에서는 예부터 인

기가 높은 드라이 마티니, 진 칵테일, 위스키 칵테일, 맨해튼 등을 주로 준비한다.

매우 친한 사람들과의 파티에서는 호스트가 직접 셰이커(shaker : 칵테일하는 기구)를 흔들어가며 칵테일을 만들어 분위기를 돋워 친목을 다지기도 한다.

4) 뷔페 파티(buffet party)

일정한 격식을 차리지 않고 간편하게 손님을 접대할 수 있는 것이 뷔페다. 따라서 특별한 의미를 부여하지 않고 부담 없이 사람을 초대할 때는 뷔페가 좋다.

뷔페는 초청하는 사람이나 초청받는 사람 모두 가벼운 기분으로 식사를 할 수 있으며, 자신이 직접 음식을 덜어다 먹기 때문에 자기가 선호하는 요리 위주로 먹을 수 있다는 특징이 있다.

또한 주최자는 일손을 덜 수 있으며, 격식을 차린 파티와 달리 자유롭게 움직이며 요리를 덜기 때문에 동시에 많은 사람의 접대가 가능하므로 오늘날과 같이 바쁘게 살아가는 사람들에게는 매우 편리한 접대방법이다. 일반 가정에서도 쉽게 응용할 수 있어 각종 성격의 파티시 뷔페식을 도입한다면 사교에 도움을 줄 수 있을 것이다.

뷔페는 그 형식에 따라 Sitting Buffet(테이블에 앉아서 식사)와 Standing Buffet(선 채로 식사), 그리고 Cocktail Buffet(식사보다는 안주 위주의 간단한 뷔페)로 나눌 수 있다.

5) 가든 파티(garden party)

가든 파티는 정원에서 하는 비교적 규모가 큰 티 파티(tea party)의 하나다. 일년 중 날씨가 쾌청하고 청명한 날을 골라 정원에서 베푼다고 하여 가든 파티라고 하는데, 정원의 경치가 가장 훌륭한 계절에 주로 한다.

파티는 테니스나 크로케(croquet) 등의 스포츠도 함께 즐기는 소형 연회에서부터 오케스트라(orchestra)를 동원한 무도회에 이르기까지 목적에 따라 규모가 크게 달라진다. 그러나 보통 가든 파티라 하면 수백명에 달하는 사람을 초청, 각종 여흥을 즐기며 이에 필요한 기물이나 요리들을 정원으로 옮겨 음료 카운터를 만들어 접대하는 사교적 행사를 말한다. 여흥으로는 야외연극 · 야외발레 등의 문화적인 행사와 테니스, 크로케 등의 스포츠 행사, 그리고 바자회 등이 있을 수 있다.

3. 파티에 초대하는 법

초대하는 사람은 적어도 일주일 전에 상대방이 받아볼 수 있도록 초대장을 보낸다. 초대장에는 목적 · 일시 · 장소 등을 기재한다. 그리고 초대장을 받은 사람은 참석 여부를 서신이나 전화 등으로 알려줘야 한다.

1) 파티장의 선정

파티의 일시가 정해지면 빠른 시일 내에 장소를 예약한다. 장소는 파티의 목적 · 초대인원 · 예산 등에 맞추어 선정한다. 파티장을 선정할 때 유념해야 할 사항은 다음과 같다.

- 격식과 분위기는 어떤가?
- 초대객의 교통편은 어떤가?
- 넓이는 적당한가?
- 요리의 내용은 어떤가?
- 주차시설은 어떤가?

2) 초대객의 인선

각 부서의 담당자로부터 초대하고 싶은 사람의 리스트를 모아 상사에게 제출하여 인선해 받는다.

3) 초대장

초대장에는 파티의 취지 · 일시 · 장소 · 형식 · 복장 등을 기입하도록 한다. 발송은 2~3주전에 하고, 반송용 엽서로 참석 여부의 회답을 받도록 한다.

4) 파티장의 설치

파티가 성공할 것인가 아닌가는 연출을 어떻게 하느냐에 달려 있다. 착석식의 파티에서는 좌석순에 신경을 써야 한다. 원칙적으로는 사회적 지위를 우선하고, 연령도 고려하여 배치한다.

5) 당일 업무

파티 당일 초대객을 환영하면서 접수 · 안내하고, 손님들 중에 서로 모르는 사람이 있을 때는 소개를 한다. 또 돌아갈 때 기념품과 선물을 전달하고 배웅한다. 특히 접수 때 맡은 물건은 주의하고, 그리고 파티가 끝나면 뒤처리를 돕는다.

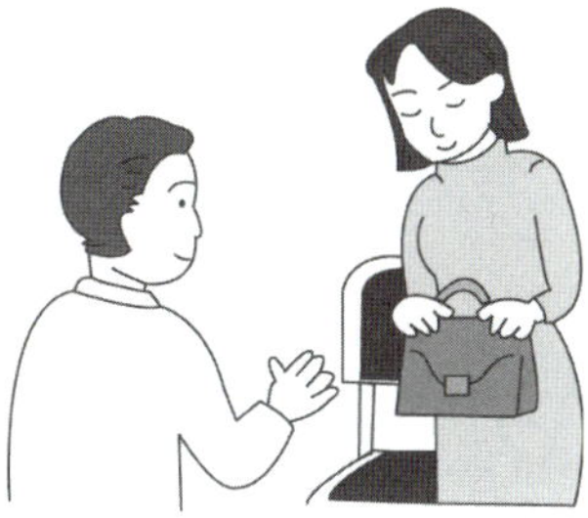

6) 요리 준비

파티를 계획할 때 요리의 준비 기준은 초대장을 100장 냈다고 가정하면, 80% 정도의 손님이 참석한다고 보고 참석자의 90%분의 요리를 준비하면 적당하다. 파티가 끝났을 때 20% 정도의 요리가 남는 경우가 가장 준비가 잘된 파티라고 한다. 이것은 파티종료 후 남은 요리가 '0'인 경우에는 아무리 훌륭한 내용의 파티라도 손님에게 빈 상이 반영되는 것처럼 생각되기 때문이다.

IMAGE MAKING

요리와 와인

육류요리에는 적포도주, 생선요리에는 백포도주라고 하는 것은 규정처럼 되어 있지만, 사람에 따라 그 취향이 다르므로 육류요리에 백포도주를 주문하는 것도 전혀 이상하지 않다. 와인을 주문할 때는 자신의 취향에 따라 요리에 맞는 포도주를 선택하면 된다. 즉, 불을 대지 않은 신선한 소재의 담백한 요리에는 상큼하고 진한 맛의 백포도주를, 스테이크에는 적포도주를, 그리고 크림시추에는 순한 맛의 백포도주가 최적이다.

제9장 비즈니스 매너

1. 타사를 방문할 때
2. 면담에 임할 때
3. 방문객을 맞을 때
4. 사외문서의 규칙
5. 사내문서의 규칙
6. 명함 사용법
7. 국제비즈니스상의 유의점

예의바른 행동이란 타인의 감정에 대한 배려를 표현하는 방법이다.

A. 밀러

제9장

비즈니스 매너

1. 타사를 방문할 때

21세기 기업경영의 책임을 맡은 비즈니스맨은 다양한 환경, 다양한 국가, 다양한 기능에 능동적으로 대처할 수 있는 능력을 갖춰야 한다. 그리고 사업관계로 세계적인 실력자들이 당신의 기업을 방문했을 때 그들이 자기 집처럼 편안함을 느끼게 할 수 있어야 한다.

우리는 외국인에게는 친절하면서도 우리나라 사람끼리는 불친절하다는 말을 종종 듣고 있다. 매너는 이러한 편견을 버리고 누구에게나 만나는 사람으로 하여금 실례를 범하지 않고, 인간존중을 바탕으로 할 때 이루어진다고 할 것이다.

1) 사전 약속 없는 방문은 비즈니스 매너에 위반된다

방문 상대의 상황을 확인하지 않고 갑자기 방문하는 것은 매우 무례한 행위이므로 반드시 사전에 약속을 해야 한다. 거래에 관한 중요한 용건인 경우에는 우선 문서로 방문취지를 알리고, 그 뒤에 전화를 해서 약속을 확인한다.

특히 전화로 약속을 할 때는 다음과 같이 다섯 가지의 항목을 유념해 두고 상호간에 오해가 없도록 메모를 하면서 확인하는 것이 중요하다.

- 목적 : 어떠한 목적으로 만날 것인가?
- 면담상대 : 면담하고 싶은 상대는 누구인가?
- 일시 : 몇 월, 몇 일, 무슨 요일, 몇 시에 만날 것인가?
- 소요시간 : 면담에 필요한 시간은 어느 정도인가?
- 장소 : 면담하는 장소는 어디인가?

2) 방문 일까지 만전의 준비를 한다

타사(他社)를 방문할 때는 여러 가지의 목적이 있겠지만, 어떠한 경우라도 상대방과의 면담을 효과적으로 성사시키기 위해서는 만전의 준비를 하고 면담에 임해야 한다. 면담에 필요한 준비사항은 다음과 같다.

- 면담에 필요한 서류와 자료를 준비해 둔다.
- 대화내용과 질문사항을 메모해 둔다.
- 처음으로 방문하는 회사는 경영진 · 경영방침 · 주요 거래선 · 상담자의 직책 등에 대해서 조사를 해둔다.
- 자신의 명함이 매수가 충분한지를 확인해 둔다
- 수첩과 필기도구도 잊지 않고 준비한다.
- 방문 회사까지의 가는 길과 소요시간을 체크한다.
- 방문 전날에는 "내일 몇 시에 방문할 예정이니 잘 부탁드리겠습

니다"하고 확인의 의미로 전화를 한다. 혹시 전일에 연락이 없을 경우에는 당일 아침이라도 반드시 전화로 확인을 한다.

3) 약속시간 5분전에는 도착한다

비즈니스의 경우에는 시간 엄수가 철칙이다. 약속시간 5분전에는 반드시 도착하도록 한다. 방문시간이 너무 이르면 상대방에게 폐가 되므로 너무 일찍 도착한 경우에는 근처에서 시간을 보내고 시간에 맞춰 약속장소로 이동한다.

4) 늦었을 경우에는 전화 연락을 한다

교통체증이나 사고로 약속시간에 늦을 경우에는 상대방을 마냥 기다리게 하지 않도록 반드시 전화연락을 한다. 만약 약속장소에 약속시간 내에 도착하지 못했을 경우에는 구두(口頭)로 사과를 하는 것만이 아니라 사무실에 돌아와서 정중한 사과문을 보낸다. 특히 거래관계에 있는 중요한 용건의 경우에는 이러한 배려를 확실히 하는 것이 중요하다.

IMAGE MAKING

실패하는 비즈니스맨의 유형

- 음주 매너가 좋지 않은 사람
- 말없이 묵묵히 일만 하는 사람
- 웃지 않는 사람
- 단점에 민감한 사람
- 과거에 집착하는 사람

2. 면담에 임할 때

서양의 매너는 중세 기사도정신과 기독교정신에 근거를 둔 것이라 할 수 있고, 동양의 예절은 유교정신에 바탕을 둔 것이라 할 수 있을 것이다.

이러한 서양의 매너와 우리의 예의범절은 그 의의를 같이한다고 할 수 있으나, 여성우위의 서양문화와 남성위주의 동양문화는 상이한 점도 있음을 알아야 한다.

1) 코트는 접수창구에 가기 전에 벗는다

접수안내를 청하기 전에 코트(coat)와 머플러(muffler) 그리고 장갑을 벗고 단정한 차림인지를 확인한다. 땀이 많이 나는 여름철에는 땀을 깨끗이 닦고 접수하러 간다. 만약 접수창구가 없는 경우에는 사무실 문 밖에서 노크를 한다.

2) 품위 있는 말을 사용한다

비즈니스로 방문할 때는 '회사의 대표로 왔다'고 하는 것을 인식하고 호감을 가질 수 있는 품위 있는 언동을 하도록 한다.

3) 응접실에 들어가서는 입구 가까운 자리에 착석한다

안내하는 사람의 유도에 따라 응접실(drawing room)에 들어간다. 담당자가 올 때까지 실내를 왔다 갔다 하지 말고 바로 서서 인사를 할 수 있도록 마음의 준비를 하고 기다린다. 응접실에서는 다음과 같은 사항을 유념해 둔다.

- 자리가 정해지지 않았을 경우 문에서 가까운 곳에 앉는다. "이쪽으로 앉으세요?"하고 상석을 권하면 사양하지 않고 자리를 옮긴다.
- 서류가방 이외의 물건은 소파(sofa) 위에 두지 않고 의자 옆에 놓는다.

- 소파에 앉을 때는 살짝 앉아 다리를 꼬거나 뒤로 눕지 않도록 한다.
- 자료나 서류 등을 지참했을 때는 테이블에 잘 정리해서 놓고 필기준비를 해둔다.
- 명함을 전할 때는 주저하지 말고 바로 꺼낼 수 있는 상태로 해둔다.
- 차를 권하면 "고맙습니다"하고 인사를 한 다음 마신다.

4) 담배는 피우지 않는다

테이블에 재떨이가 없다면 그 방은 금연이라고 생각해도 틀림없다. 재떨이가 있어도 담당자를 기다릴 때에 임의로 흡연을 하는 것은 금물이다. 또한 담배를 피우지 않을 경우에는 "한 대 피우세요?"하고 권해도 사양하는 것이 좋다.

5) 담당자가 입실하면 바로 일어서서 인사를 한다

담당자가 나타나면 소파에 앉은 채로 인사를 하는 것은 실례다. 빨리 일어나서 정중하게 인사를 한다. 그리고 다음 사항을 유념한다.

- "바쁘신 중에 시간을 내주셔서 감사합니다"하고 인사를 한다.
- 첫 대면의 경우에는 명함을 교환한다.

- "앉으시죠"하고 권하면 착석한다.
- 담당자에 따라서는 본론으로 들어가기 전에 잡담을 하는 경우도 있으나, 이러한 경우에는 용건을 꺼내지 않고 응대를 해준다.

6) 회의를 매끄럽게 진행하기 위한 이야기 법

본인의 용건을 상대방에게 충분히 이해시키는 것이 최대의 포인트다. 일방적으로 이야기하는 것은 바람직하지 않다. 다음과 같은 점을 주의해서 능숙한 회의를 진행한다.

- 이야기의 요점을 정리해서 간결하게 전한다.
- 필요에 따라서 자료를 제시하고, 구체적인 사례와 수치를 들어 설명한다.
- 보통 사용하는 사내의 용어와 전문용어는 피하고 상대방이 잘 알 수 있는 말로 설명한다.
- 이야기를 할 때는 물론 들을 때에도 상대방의 눈을 보는 것이 중요하다. 단지 노려보는 것은 바람직하지 않으니, 입 주위와 넥타이의 매듭부분에 시선을 두는 것도 좋다.
- 상대방의 이야기가 잘 이해가 되지 않았을 경우에는 그냥 넘어가지 말고 반드시 질문을 해서 바르게 이해를 한다.
- 혼자서는 판단하기 어려운 경우에는 "회사에 돌아가 검토를 한 후에 답변해 드리겠습니다"라고 말하고 즉시 답하는 것을 피한다.
- 상대편이 그 자리에서 결론을 짓지 않을 듯한 경우에는 내용이 상세히 적힌 자료를 건네 주고 검토해 줄 것을 부탁한다.

7) 일어날 때의 인사법

용건이 끝나면 타이밍을 봐서 이야기를 마치고 다음 사항을 유념하면서 인사를 한다.

- 자료와 필기도구를 정리하여 가방에 넣는다.
- 자세를 바르게 하고 "바쁘신 중에 시간을 내주셔서 감사합니다. 그럼, 이만 실례하겠습니다"하고 인사를 한다.
- 의자는 테이블 아래에 조용히 넣는다.
- 코트와 가방을 갖고 "앞으로도 잘 부탁드립니다"하고 정중히 인사를 한다.

8) 밖에 나와서도 자세를 흐트러뜨리지 않는다

방문 회사를 나오자마자 방심하고 넥타이를 느슨하게 하는 등의 행동을 하면 안 된다. 어디에 관계자의 눈이 있는지 알 수 없기 때문에 주의를 해야 한다.

3. 방문객을 맞을 때

예고 없이 손님이 찾아오는 경우가 있다. 그럴 경우 싫은 표정을 지어 손님을 무안하게 하는 일은 없어야 한다. 사무실은 항상 손님을 맞을 준비를 하고 있어야 하며, 우선 손님이 오면 자리에서 일어나 반갑게 맞이한다. 그리고 무슨 일로 찾아 왔는지 용건을 묻는다. 이럴 때 그 자리에서 해결할 수 있는 일은 바로 해결하고, 그렇지 못할 때는 응접실로 안내하여 담당자를 연결해 준다.

1) 어떠한 방문객이라도 공평하게 대한다

안내(information)는 회사의 얼굴이라고 말할 수 있다. 안내 응대의 태도에 따라서 회사의 인상이 좌우된다. 자사를 방문한 사람을

언제나 기분 좋게 맞이하는 배려를 잊지 않도록 한다. 어떠한 손님에 대해서도 공평히 대하는 것이 안내의 철칙이다.

손님의 복장만을 보고 차별하여 대응하는 것은 금물이다. 방문객을 맞이할 때는 다음 사항을 고려해야 한다.

- 외부인이 방문했을 때 웃는 얼굴로 인사한다.
- "실례입니다만, 어디서 오셨습니까?"하고 상대방의 소속과 이름 · 용건을 묻는다.
- 예약이 되어 있는지의 유무를 확인하고, 예약이 되었을 경우 담당자에게 바로 연락을 한다.
- 이름을 물었을 때에 명함을 제시하는 경우에는 두 손으로 받는 것이 매너다.

2) 사전 약속 없는 손님은 담당자의 의향을 묻고 나서 대응한다

방문객 중에는 사전 약속이 없는 경우도 있지만, 어떠한 사람이라도 정중히 대해야 한다.

- 상대방의 용건 · 회사명 · 이름을 묻는다.
- 담당자에게 돌리기 전에 사내 담당자에게 연락해서 지시를 받는다.

- 담당자가 만나본다고 하면 손님을 안내한다.
- 담당자가 거절하는 경우에는 "지금 담당자는 외출 중이므로 추후에 다시 연락을 하고 와주시기 바랍니다"하고 완곡히 거절한다.

3) 응접실에 안내할 때는 앞에 서서 안내한다

담당자로부터 회의실로 가도록 지시가 있다면, 손님을 회의실로 안내한다. 안내할 때는 손님보다 2, 3보 가량 비스듬히 앞서서 안내한다.

- 서 있는 채로 기다리게 하는 것은 실례이므로 자리에 앉아서 기다리도록 한다.
- 담당자가 늦을 경우에는 다시 한 번 연락을 해서 어느 정도 늦을 것인지를 확인한 다음 손님에게 몇 분만 더 기다려 달라고 양해를 구한다.
- 오래 기다릴 경우에는 차를 대접한다.

4) 엘리베이터로 안내할 때는 먼저 타고 나중에 내린다

본래는 고객을 먼저 태우는 것이 매너이지만, 양보를 할 경우 먼저 들어가 문이 닫히지 않도록 엘리베이터를 조작하는 것도 좋다.

5) 손님을 대할 때의 마음가짐

손님과 면담할 때는 우선 상대방이 어떠한 용건으로 방문했는지를 파악하는 것이 중요하다.

- 상대방의 이야기가 잘 정리되지 않았을 경우에는 적당히 흘려듣지 말고 정확히 질문을 한다.
- 손님이 차를 마시지 않을 경우에는 "드십시오"하고 권한다.
- 고객의 의뢰에 관해서는 경솔하게 받아들이지 말고 "사내에서 검토를 한 후 나중에 연락을 드리겠습니다"라고 답을 하고, 차후 회사의 승인을 얻고 나서 정식으로 답을 한다.
- 이야기를 들을 때는 상대방의 얼굴을 보면서 적절한 대응을 해가면서 마지막까지 이야기를 듣는다. 도중에 상대방의 이야기를 끊지 않도록 한다.

6) 로비는 손님이 앉아서 기다리는 곳

회사에 따라서 손님을 위한 로비가 마련되어 있는 곳이 있다. 회사의 로비는 손님이 편히 앉아서 약속 시간을 기다리는 곳이다. 이것은 손님을 정중히 맞이하는 비즈니스 마인드의 표현이다. 로비는 손님을 위한 곳이지 직원들이 쉬면서 잡담하는 장소가 아니라는 것을 명심해야 한다.

7) 손님이 돌아갈 때는 엘리베이터 앞까지 전송한다

고객이 돌아갈 때에도 같은 요령으로 안내한다.

IMAGE MAKING 고객응대 매너

- 손님이 오래 있을 경우 차를 한잔 더 갖다드린다.
- 손님을 기다리게 할 경우에는 신문이나 사보 등을 갖다드린다.
- 손님이 무거운 물건이나 부피가 큰 물건을 들었을 경우 같이 거든다.
- 다과를 대접할 경우 다과는 왼쪽, 차는 오른쪽에 놓는다.

4. 사외문서의 규칙

사외문서(社外文書)는 경어사용을 원칙으로 한다. 본문은 가능한 한 간결하게 쓰도록 한다. 인사말 등 업무상의 인사로부터 시작해서 끝맺는 인사말 등을 잘 마무리하는 것이 기본이다. 그리고 애매한 표현은 가급적 피하고, 다 쓰고 나면 두 번은 읽어보고 체크하도록 한다.

1) 사외문서의 종류

사외문서는 다음의 세 가지로 나누어진다.

- 의례적인 문서 : 연하장 · 안내장 등과 같은 경조사에 관한 문서
- 거래에 관한 문서 : 조회서 · 의뢰서 · 독촉장 · 송장 등의 문서
- 법적인 문서 : 계약서 · 각서 등 상거래의 법적 효력을 갖는 문서

2) 사외문서의 정형 스타일

비즈니스 문서가 일반문서와 크게 다른 것은 서두에 문서번호 · 발신일자 · 수신자 · 발신자 제목이 붙는다.

- 문서번호 : 파일을 정리해 놓은 곳에서 찾기 쉽게 기록해 둔다. 일년마다 연 번호로 하는 방법과 문서의 종류에 따라 관리하는 방법이 있다.
- 발신 연월일 : 서기로 나타낸다.
- 수신자 : 상대방의 정확한 명칭을 사용한다. 주식회사를 줄여, (주)

라고 쓰는 식의 표현은 피하는 것이 좋다.

- 발신자명 : 더욱 정중한 스타일은 주소와 전화번호도 기입하고, 성명 다음에 도장을 찍는다.
- 제목(건명) : 모든 문서에 반드시 필요한 것은 아니다. 정확한 내용을 대표하는 제목이 붙어 있는 문서는 내용을 한눈에 알 수 있어 효율적이기 때문에 가능하다면 붙이도록 한다.

5. 사내문서의 규칙

사내업무를 원활하게 하기 위하여 사내정보를 전달하는 것으로 효율적으로 작성하는 것이 최우선이다. 그러기 위해서는 서두나 맺는 인사 등 의례적인 부분을 생략한다. 문서의 끝에는 '이상'이라고 표시한다. 회사의 소정양식이 있을 경우에는 사내양식을 사용한다.

1) 사내문서의 종류

사내문서(社內文書)는 일상의 업무를 효율적으로 진행하기 위한 사내에서 사용하는 문서다. 간단 명료하게 만드는 것이 기본이다. 여기에는 의례적인 표현이나 존칭어 등은 불필요하다. 사내문서는 사내 업무에 수없이 많다고 해도 과언이 아니다. 사내문서는 정형화할 수 있는 것이 많기 때문에 서식을 만들어 놓으면, 필요한 때에 필요한 사항만 바꾸어 쓸 수 있어 편리하다. 사내문서는 크게 네 가지로 나누어진다.

- 부하가 상사에게 제출하는 문서 : 보고서 · 기획서 등의 각종 제

출서류

- 상사가 주는 문서 : 지시서 · 통보서 · 의뢰서 등
- 연락이나 조정을 위한 문서 : 조회서 · 회답서 · 통지서 등
- 기록보존을 위한 문서 : 의사록 · 각종 데이터 · 자료 등

2) 사내문서의 정형 스타일

사외문서가 대외적 의례를 중요시하였다면, 사내문서는 효율성이 요구된다. 사외문서와 다른 점은 인사말 등의 서두는 필요가 없다. 바로 본문으로 들어간다. 말문에 있어서도 식상한 인사말 등은 생략하고 문서의 마지막에 '이상' 또는 '끝'이라고 표기한다.

6. 명함 사용법

사람을 소개할 때 빠뜨릴 수 없는 것이 명함(名銜)이다. 명함은 그 사람의 얼굴이고 인격을 가진 소개 카드다. 명함은 원칙적으로 명함집에 넣는다. 명함집은 다른 증명서 등과 같이 쓰는 것도 있지만, 영업사원처럼 많은 사람을 만나는 경우 독립된 명함집을 준비한다. 이 때 명함집 안에 명함을 거꾸로 넣는 일이 없도록 주의한다.

1) 명함을 교환할 때

명함은 사람의 신분을 알리는데 사용되기 때문에 올바르게 사용하는 것이 중요하다. 명함을 교환할 때 다음 사항을 유념해야 한다.

- 만날 사람이 한 사람일 경우에는 3매, 두 사람이면 6매 정도는

사전에 준비하며, 명함집은 양복의 안주머니에 넣는다.

- 회사의 이름을 밝히면서 명함을 꺼낸다.
- 명함은 서 있는 자세로 교환한다.
- 명함은 상사보다 먼저 꺼내며, 꺼내는 위치는 상대방의 가슴높이가 적당하다.
- 명함집을 왼손에 들고 오른손으로 한 장 꺼내어 상대방이 읽을 수 있도록 한다.
- 명함은 아랫사람부터 윗사람에게 내미는 것이 순서이기 때문에 언제나 상대방보다 먼저 내도록 유의한다.
- 명함을 받았으면 상대방의 이름을 복창하면서 이름에 관심을 표명한다.
- 서 있는 채로 악수가 끝나면 명함은 바로 건넨다.
- 명함은 상의 안주머니에서 꺼내며 전용 명함지갑을 사용한다.
- 명함을 내밀 때는 정중하게 인사하고 나서 '00회사의 000라고 합니다.' 또는 '감사합니다, 만나게 되어 반갑습니다.'라고 회사명과 이름을 밝히면서 두 손으로 건네도록 한다.
- 명함을 건낼 때와 마찬가지로 받을 때도 일어서서 '반갑습니다.'라고 한마디 덧붙이는 게 좋다.
- 받은 명함은 허리 아래로 내려가지 않도록 주의한다.
- 혼돈되기 쉬우므로 명함지갑엔 반드시 자기의 명함만 넣어 다니도록 한다.
- 뒷주머니에서 꺼내는 것은 매너에 어긋난다.
- 상대방의 이름이 읽기 어려운 경우에는 "실례입니다만, 무엇으로 읽습니까?"하고 확인하는 것이 중요하다.

- 명함을 받은 후 이름을 확인하고, 대화 중에는 될 수 있으면 상대방의 이름을 부르는 것이 친근감을 높인다.
- 받은 명함은 소중히 취급한다.

2) 명함을 취급할 때

상대방으로부터 받은 명함을 소중히 간직하는 것은 비즈니스 매너의 기본이다. 아무리 몰라도 다음과 같은 실수는 하지 말아야 한다.

- 이물질이 묻었거나, 구겨진 명함을 주머니에서 꺼내면서 건네는 행위
- 대담 중에 상대방의 명함에 낙서를 하거나 접는 행위
- 받은 명함의 위에다 서류 등을 올려놓거나 바닥에 떨어뜨리는 행위
- 받은 명함을 무관심하게 주머니에 넣거나 수첩 사이에 끼워 놓는 행위

3) 명함을 정리할 때

받은 명함은 정리를 하지 않으면 종이조각에 지나지 않는다. 필요한 때에 바로 찾아서 활용할 수 있도록 나름대로의 방법에 따라 정리를 한다.

- 명함을 받은 그 날에 명함의 여백에 만난 일자 · 장소 · 용건 등을 메모해 둔다.
- 상대방의 얼굴과 특징을 잊지 않도록 기호를 붙여 적어두는 것

도 한 방법이다.

- 파일을 할 경우 가나다순으로 하면 상대방의 이름을 확실히 기억하지 않으면 찾기 어려우므로 회사별 · 업종별로 정리해 두는 것이 좋다.
- 여담으로 들은 취미와 기호품 등도 메모해 두면 좋다.

7. 국제비즈니스상의 유의점

글로벌(global) 시대의 지구촌은 세계화 · 정보화로 인해 날로 치열해 가는 무한경쟁 속에 놓여 있다. 사회가 복잡해지고 다양한 부류의 사람들을 접하고 국제교류와 비즈니스가 빈번해지면서 상대방에게 쾌적한 느낌을 줄 수 있는 올바른 매너야말로 국제비즈니스를 하는데 기본이 된다. 따라서 문화와 전통이 다른 세계인을 접할 때 다음과 같은 사항을 유의하여야 한다.

일본	- 일본인에게 선물할 때는 흰 종이로 포장하지 않으며, 흰 꽃도 선물하지 않는다. - 일본인에게 칼(자살, 단절)은 선물하지 않는다. - 일본인에게 적당한 선물을 하기가 곤란할 때는 골동품을 선물한다. - 약속을 중시하며, 약속을 지키지 않는 것은 명예를 훼손하는 것이다. - 개인의 신상(결혼여부, 가족관계, 나이)에 대한 질문은 결례가 된다. - 상대방에게 자기 젓가락을 사용하여 음식을 건네는 것은 결례가 된다.
중국	- 박쥐는 행운을 전해주는 것으로 여긴다. - 괘종시계는 장례식의 의미가 있으므로 선물하지 않는다. - 자기가 사용하던 젓가락으로 음식을 집어주는 습관이 있다. - 손수건은 슬픔과 눈물을 상징하므로 선물하지 않는다. - 꽃은 생명이 짧고, 장례용으로 사용하므로 선물하지 않는다. - 현금을 줄 때 축의금과 선물은 짝수의 금액으로, 부의금은 홀수의 금액으로 줘야 한다. - 백색과 청색은 장례식의 의미가 있으므로 사용하지 않는다.

홍콩	- 두 개는 행운을 뜻하므로 선물할 때는 두 개의 선물을 하면 좋다. - 접시에 놓인 생선은 뒤집지 않는다(배를 뒤집는다는 의미).
대만	- 흰 색과 숫자 4를 싫어한다. - 중국대륙과 관련된 얘기는 피하는 것이 좋다. - 초대를 받았을 때는 아이들을 위한 선물을 가져간다. - 선물을 받았을 때, 준 사람 앞에서 열어 보지 않는 것이 매너다.
몽골	- 티베트 불교인 라마교를 신봉하며, 타종교에 배타적인 편이다. - 우호적인 관계를 가지려면 관습적으로 권유하는 마유주를 나눠마셔야 한다. - 몽골인들은 물고기를 먹지 않는다. - 불길한 일에 대해서는 언급하지 않으며, 칭찬을 많이 한다.
베트남	- 정이 많은 민족이므로 외국인에게 우호적이다. - 숫자 9를 좋아하고, 13을 액운의 숫자로 생각한다. - 체면을 중시하고, 자존심이 강해서 사과 대신에 변명을 많이 한다.
태국	- 아이가 귀엽다고 머리를 만지면 안 된다(신체에서 가장 높은 부분). - 발로 사물이나 물건을 가리키지 않는다(신체에서 가장 낮은 부분). - 사원을 출입할 때 반바지, 짧은 스커트, 민소매 차림은 금물이다. - 여성관광객은 승려와 악수를 하거나 물건을 건네는 것은 금물이다.
싱가포르	- 법률과 규정이 많고 엄격하게 집행한다. - 체면을 중시하고, 약속시간 늦는 것을 모욕이라고 생각한다. - 길거리에서 침을 뱉거나 휴지를 버리면 벌금을 부과한다. - 아주 친하지 않으면 선물을 하지 않는다. - 애완동물을 데리고 차에 탈 수 없다.
인도네시아	- 왼손은 부정한 손으로 간주하므로 사용하지 않는다. - 돼지고기나 술은 입에 대지 않는다. - 노출이 심한 복장은 결례가 된다. - 무의식중에 사람을 툭툭 치는 행위를 해서는 안 된다. - 머리를 신성시 하므로 함부로 만지지 않는다.
필리핀	- 영어를 사용하며, 악수가 보편적인 인사다. - 필리핀 가정에 방문했을 때 연장자 순으로 인사한다. - 음식은 개인접시에 덜어 오른 손으로 먹는다. - 식사 후에 트림을 하는 것은 음식이 매우 맛있다는 뜻을 의미한다. - OK사인은 돈을 의미한다.
인도	- 외모로 사람을 판단하는 관습이 있으므로 복장에 신경을 써야 한다. - 힌두교도는 쇠고기를 먹지 않으며, 소를 신성시 한다. - 음식을 전할 때는 오른손을 쓴다. 왼손은 화장실에서만 사용한다. - 차도르 차림의 여성을 사진 찍는 것은 실례이다(사전에 양해를 구함).

터키	- 사전에 약속을 해야만 상담이 가능하다. - 손님에게 항상 차를 대접한다. - 음식을 식힐 때 입으로 불지 않는다. - 음식에 코를 대고 맡지 않는다.
이스라엘	- 전쟁과 종교 얘기는 하지 않는다. - 대화중에 여성을 언급하지 않는다.
영국	- 줄서서 기다리는 것에 익숙해져야 한다. - 저녁 약속은 적어도 1개월 전에 해야 한다. - 식사 매너가 엄격한 편이다. 음식을 권하면, 처음 한 번은 사양하는 것이 에티켓이다. - 소리 내어 웃는 것은 신사가 아니라고 여긴다. - 집으로 초대를 받으면 초콜릿 등을 준비해 가면 좋다.
프랑스	- 남의 물건에 손대는 것은 실례다. - 관공서나 공공장소를 갈 때는 정장을 한다. - 와인에 대한 상식을 가지고 있으면 좋다. - 사전에 약속을 해야만 사람을 만날 수 있고, 초대 받았을 때 특별한 언질이 없으면 부부동반이 상식이다.
스페인	- 신발을 벗어 발을 보이는 것을 실례다. - 우정, 의리, 신뢰를 중시한다. - 약속을 하면 1, 2시간을 기다리는 것은 기본이다. - 옷을 잘 입어야 대접을 받는다. - 점심식사는 2~4시, 저녁식사는 9~11시 사이에 한다.
이탈리아	- 내용보다는 형식을 중시한다. - 식사 도중 팔을 식탁 밑으로 내리지 않으며, 팔꿈치는 식탁 위에 올리지 않는다. - 악수를 할 때는 팔꿈치를 붙잡고 한다.
그리스	- 머리를 끄덕이는 것이 'No'의 표시이고, 좌우로 흔드는 것이 'Yes'의 표시다. - 작별을 할 때 손을 흔드는 동작은 멸시와 모욕을 의미한다. - 오후 4~6시 사이에는 낮잠을 즐기므로 방문이나 전화를 삼가 한다.
독일	- 악수는 강하고 짧게 흔들고, 고개를 숙이는 일은 없다. - 꽃을 선물 할 때는 홀수로 하되, 13송이는 삼가 한다. - 장미는 구애를 뜻한다. - 선물을 할 때 흰색, 검은색, 갈색 포장은 실례다. - 여성이 방에 들어오면 연령이나 지위에 관계없이 일어선다.
러시아	- 면담 약속은 금요일과 월요일은 피한다. - 경로사상이 강하고, 가부장적인 사회다. - 향수, 계산기, 지갑 등의 선물을 좋아한다.
네덜란드	- 물과의 싸움을 통해서 생존의 지혜를 터득해온 만큼 근면성실이 몸에 배어 있다.

스웨덴	- 예술을 사랑하는 사람이 많고, 주말에는 화랑이나 미술관을 찾는다.
핀란드	- 사우나의 원조인 핀란드에서는 사우나가 자연스런 일상생활이다.
오스트리아	- 음악을 유산으로 물려받은 나라여서 많은 국민들이 음악을 사랑한다. - 돈 문제가 생기면 함부로 '미안하다'라는 말을 하지 말아야 한다. 왜냐하면, 본인이 금전적인 모든 책임을 지겠다는 뜻이므로 조심해야 한다.
미국	- 공공장소에서 여성을 배려한다. - 엘리베이터에 여성이 타고 있으면 남성은 모자를 벗어야 한다. - 신발을 신는 것을 옷의 연장으로 생각하기에 신발을 벗지 않는다. - 약속 시간은 1주일 전에 하는 것이 좋다. - 비즈니스를 할 때는 정장을 입어야 한다. - 택시를 탈 때 운전자 옆자리는 절대 앉지 말아야 한다. - 선물을 받았으면 즉시 풀어보는 것이 매너다. - 미국은 팁 문화가 발달된 나라다(금액의 10~15%를 팁으로 건넨다). - 남성이 실내에서 모자를 쓰는 것은 실례다. - 점심은 간단히 하고 저녁을 풍성하게 먹는다. - 백합은 선물하지 않는다.
캐나다	- 언어나 정치적인 이야기는 피한다. - 상대방의 가정에 대한 질문도 피한다. - 팁 문화가 일반화되어 있다. - 백합은 선물하지 않는다.
멕시코	- 회사나 관공서를 방문할 때는 비서를 통해 약속한다. - 노란색 꽃은 선물하지 않는다. - 은제품의 선물은 피하는 것이 좋다. - 관공서는 3~5시까지 점심시간이다.
브라질	- 식사 중에는 이야기를 하지 않는 것이 매너다. - 검은색이나 자주색의 선물은 피한다. - 넥타이 착용은 신분이나 지위를 나타낸다. - 비즈니스 할 때는 편안한 복장을 좋아한다. - 'OK'라는 제스처를 취하지 않는다.
호주	- 공공장소에서 음주, 방뇨, 성적 행동은 위법이다. - 대부분의 건물과 공공장소는 금연구역이다.
뉴질랜드	- 원주민인 마오리족은 코를 맞대고 비비는 인사를 한다. - 외국인에게 우호적이고, 사람만나는 것을 좋아한다.
이집트	- 이슬람 여성들과는 대화를 자제한다. - 공공장소에서 날고기나 돼지고기를 먹는 것을 자제한다. - 남자가 금반지를 끼는 것은 금물이다. - 여성에게 사진을 찍자고 요청하는 것은 금물이다.
남아공	- 음악회나 교회에서는 정장을 입는다.

제10장 인터뷰 매너

1. 인터뷰할 때 좋은 인상을 주려면
2. 면접 복장의 기본 원칙
3. 당락 가르는 인터뷰 성공 요령
4. 영문 이력서 작성 요령
5. 국문 이력서 작성 요령
6. 자기소개서 작성 요령

일방적인 예절은 오래 계속되지 못한다.

H. 에티엔

제10장

인터뷰 매너

1. 인터뷰할 때 좋은 인상을 주려면

더욱 치열해진 취직시험 전선을 돌파하기 위하여 밤낮으로 수험 공부에 열을 올리고 있는 수험생 여러분에게 있어, 인터뷰(interview)는 어느 정도의 위치를 차지하고 있을까?

인터뷰는 "필기시험에 따르는 부수적인 것이겠지…", "필기시험 성적만 뛰어나면 문제없겠지…" 하는 생각을 혹시 갖고 있을지 모른다. 사실 얼마 전까지만 하더라도 누구나 그렇게들 생각했다. 필기시험 성적이나 학교성적 등에 의해 이미 모든 것이 결정된 상태에서 형식적으로 간단하게 치러지는 요식행위에 불과했을 뿐, 면접이 합격 · 불합격을 결정짓는 관건이 되지는 못했다. 따라서 인터뷰를 하는 쪽이나 받는 쪽 모두 인터뷰에 거의 비중을 두지 않았다.

그러나 최근에 이르러 고등교육을 받은 고급인력의 급속한 팽창과 더불어 신입사원 채용에 있어서 면접시험이 차지하는 비중은 눈에 띄게 증가되어 왔다. 적어도 대학을 졸업할 수 있을 정도의 사람이라면 일정 수준의 지적 요건을 갖추고 있다는 대전제 아래 기업들이 사람의 됨됨이에 보다 큰 비중을 두게 되었기 때문이다. 이제 인터뷰는 필기시험이나 학교성적보다 더 중요하게 여겨지고 있다고 보아도 좋을 정도이다. 그러한 좋은 예로 요사이 필기시험이, 수험생들이 최소한의 지적 요건을 갖추고 있는가를 가려내는 수단에 지나지 않게 된 경향을 들 수 있다.

어떤 기업에서는 학교로부터 추천을 받은 학생에게는 필기시험을 아예 면제시키기도 하고, 필기시험을 병행하더라도 모집예정 인원의 배수 또는 3배수에 가까운 인원을 뽑아 인터뷰를 거쳐 최종합격자를 가려내고 있다. 이렇듯 성적평가보다 인물평가를 더 중요시하는 선발방법은 일부 기업에서만 선호되고 있는 것이 아니다. 우리 사회에서 이러한 경향은 해를 거듭할수록 뚜렷한 현상으로 굳어가며 일반화되고 있다.

인터뷰에서 외모를 통해 면접관에게 좋은 인상을 심어줄 수 있는 '하드웨어 원칙'은 다음과 같다.

1) 매일 다른 옷으로 갈아입는다

인터뷰가 하루에 끝나지 않고 며칠에 걸쳐 진행된다면, 되도록 그때마다 다른 옷을 입는 게 좋다. 인터뷰하는 날마다 새로운 옷을 입게 되면, 적극적이고 참신한 이미지를 줄 수 있기 때문이다. 만일 사정상 같은 옷을 입을 수밖에 없다면, 적어도 셔츠나 넥타이 및 블라우스만이라도 바꾸는 게 좋다.

2) 종교 · 정치 · 학교 관련 액세서리는 피한다

특정한 종교 · 정치 · 단체 · 학교 등에 관련된 어떠한 것(반지 · 배지 · 넥타이 · 액세서리 등)도 착용하지 않는 편이 좋다. 이것은 면접관이 혹시 갖고 있을지 모르는, 특정 집단에 대한 부정적 편견으로부터 본인을 보호하기 위한 예방책이다. A대학에 대해 부정적 인식을 지닌 면접관 앞에서 A대학의 졸업반지를 보라는 듯이 끼고 인터뷰를 한다면 도움이 될 리가 없다.

3) 가방은 작고 좋은 것으로 휴대한다

가방을 가지고 갈 경우에는 가능한 한 작고 좋은(high quality)것으로 가져가야 한다. 신경 써야 할 것을 하나라도 줄이려면 가방은 가급적 지참하지 않는 것이 좋지만, 이력서나 기타 인터뷰 자료 때문에 꼭 필요하다면 작고 좋아 보이는 것을 택하는 편이 좋다.

4) 여성을 위한 충고 5가지

인터뷰를 할 때 꼭 유념해야 할 일들은 많다. 먼저 여성을 위한 충고 5가지는 다음과 같다.

- 액세서리는 요란하지 않고 심플한 것으로 고르는 것이 좋다.
- 되도록 비즈니스 정장이나 보수적 드레스를 입는 것이 좋다.
- 소위 섹시해 보이는 옷은 피하는 것이 좋다.
- 화장은 진하게 하지 않는다.
- 진한 향수는 쓰지 않는다.

5) 남성을 위한 조언 5제(題)

남성을 위한 조언 5제(題)는 다음과 같다.

- 흰색이나 엷은 청색 등 단색의 셔츠를 입는다.
- 약간 보수적인 색상의 세련된 넥타이를 맨다.
- 결혼반지 이외의 반지는 끼지 않는다.
- 인터뷰 중에 양복 상의는 벗지 않는다.
- 향수나 냄새가 진한 로션을 바르지 않는다.

2. 면접 복장의 기본 원칙

면접의 첫인상을 좌우하는 것은 면접 응시생들의 복장이다. 기업의 입사시험에서 면접의 비중이 날로 높아지고 있다. 면접관들에게 좋은 '첫인상'을 줄 수 있는 이미지 전략은 다음과 같다.

1) 키 큰 남성

키가 큰 남성은 줄무늬 정장이나 좁은 타이는 금물이다. 왜냐하면 긴장돼 신경이 예민하다는 인상을 줄 수 있다. 셔츠는 약간 밝은 색이 좋다. 하체가 더 마른 사람은 바지폭을 너무 좁게 입지 말고, 넉넉하게 입어야 한다. 감청색이나 회색 정장은 자신 있게 보이지만, 줄무늬 정장은 피하는 것이 좋다. 타이 역시 좁은 것은 피하는 것이 좋다.

장점	키가 크고 체격도 좋으면 자신 있고, 설득력이 있고, 활동적으로 보인다. 마른 사람은 예리하면서도 외교적이란 이미지를 준다.
단점	체격이 좋으면 거만하고, 건방진 인상을 준다. 마른 사람은 긴장돼있고, 자의식이 강해 보인다.

2) 키 작은 남성

키가 작은 남성은 셔츠나 파란색 타이가 좋다. 이러한 타입은 가볍고, 소심한 이미지를 줄 수 있다. 감청색이나 검은색 줄무늬 정장은 사람을 무겁게 보이게 한다. 어깨에 패드가 많이 들어가 있는 정장은 피하는 것이 좋다. 셔츠는 하늘색이 좋고, 타이 역시 감청색, 파란색 계통이 좋다.

장점	젊고 활동적으로 보인다.
단점	위엄이 없어 보이고, 영향력도 없어 보인다.

3) 살 찐 남성

살이 찐 남성은 진한 색 양복에 날렵한 구두를 신는 게 좋다. 살 찐 남성은 게을러 보일 수 있으므로 양복은 진한 색이 좋고, 밝은 색이나 옅은 색은 피하는 것이 좋다. 세로 줄무늬 양복은 줄과 줄 사이 폭이 넓지 않아야 한다. 상의는 더블버튼을 피하는 것이 좋고, 구두는 앞부분이 좁은 게 좋다. 타이는 청색 계통이 단정하고 날씬한 느낌을 준다.

장점	사람이 좋아 보이고, 편안해 보인다.
단점	느리고, 단정치 못하며, 자제력이 없어 보인다.

4) 키 큰 여성

키가 큰 여성은 권위적, 남성적 이미지를 줄 수 있으므로 큰 단추가 달린 옷은 피해야 한다. 마른 사람은 진한 색 계통의 단색으로 정장, 원피스를 선택하되, 부피를 더해주는 감의 소재를 택한다. 체격이 큰 사람은 심플한 디자인의 블라우스를 선택하는 것이 좋다. 허리가 긴 경우에는 넓은 벨트를 눈에 띄게 하는 것도 좋다.

장점	자신 있고, 설득력 있게 보인다.
단점	체격까지 크면 권위적, 남성적으로 보이기 쉽고, 말랐으면 긴장되어 있고, 어딘지 어색해 보인다.

5) 키 작은 여성

키가 작은 여성은 위엄이 없어 보일 수 있다. 검정이나 회색정장, 원피스가 자신 있고, 위엄 있는 느낌을 준다. 재킷과 치마의 색깔이 대조적인 것은 피한다. 디자인은 어깨가 강조된 것은 안 좋다. 정장의 상의나 재킷 포켓에 고급스러운 스카프를 넣으면 성숙해 보인다. 안경 역시 큰 테는 피하는 것이 좋다.

장점	젊고 활동적으로 보인다.
단점	위엄이 있어 보이기가 힘들고, 영향력도 없어 보인다.

6) 살 찐 여성

살이 찐 여성은 사람이 처져 보인다는 느낌을 준다. 너무 꼭 끼거나, 여유가 있는 옷 역시 안 좋다. 감청색, 밤색 계통의 정장, 원피스가 단정해 보인다. 신발은 하이힐, 앞이 트인 것, 줄로 엮은 것은 모두 피한다. 안경테는 옅은 밤색 계열의 가벼운 테로 하는 것이 좋다.

장점	따뜻하고 차분하고 편안해 보인다.
단점	단정치 못한 인상을 주고, 자제력이 없고 처져 보인다.

3. 당락 가르는 인터뷰 성공 요령

핵심인재 채용이 기업경쟁력을 좌우하는 요인으로 떠오르면서 기업들은 입사 지원자들을 제대로 평가하기 위해 다양한 면접방식을 도입하고 있다. 최근 대졸 신입사원 채용시 면접방식(복수응답가능)을 묻는 질문에 '집단면접'이 60.1%로 가장 높았다. 이 밖에 '개인면접' 24.7%, '집단토론면접' 15.8%, '프리젠테이션 면접' 12%, '블라인드(무자료) 면접' 7%, 기타방식 14.6%를 차지하는 등 다양한 면접방식이 활용되고 있다.

기업체의 면접방식이 각각의 특징을 가지고 있어 이에 걸맞은 전략을 세우는 것이 중요하다. 대부분의 기업에서 실시하고 있는 집단면접은 여러 명(3~5명)의 면접관이 참석한 가운데 여러 명(3~5명)의 지원자가 동시에 면접을 하는 방식으로, 지원자는 지명하는 순서에 따라 면접관의 질문에 대답을 해야 한다. 남의 의견을 경청하고 수용하면서 자기 주관을 펼치는 전략이 효과적이다.

집단면접시 주의할 점은 자기 주장을 강하게 내세우지 말고, 다른 지원자가 말할 때 한눈을 팔지 말고, 발언기회를 놓치지 않도록 해야 한다. 집단토론면접은 발언내용이나 태도에 따라 지원자의 리더십과 판단력 · 설득력 · 협동성 등을 평가한다는 점이 가장 큰 특징이다. 자신을 내세우기 위해 말을 너무 많이 하거나 시간을 끄는 일, 다른 사람의 의견에 쉽게 주눅이 드는 것도 감점요인이 된다.

특히 프레젠테이션(presentation) 면접은 자신 있는 어조로 기승전결(起承轉結)을 분명히 하여 발표하는 것이 관건이고, 블라인드(blind) 면접은 면접관이 지원자에 대해 아는 정보가 거의 없다는 점에서 자신을 적극적으로 어필할 필요가 있다. 따라서 기업의 특성에 맞는 면접방식을 정확히 파악해 공략하는 것이 중요하다.

4. 영문 이력서 작성 요령

취업난이 극심한 요즘, 인터뷰조차 못해봤다는 취업준비생이나 재취업자들을 흔히 볼 수 있다. 어떻게 해야 인터뷰의 문을 열고 상대회사와 얘기라도 나누어 볼 수 있을까? 우선 필요한 정보를 깔끔하게 정돈한 이력서를 통해 호기심을 사는 게 가장 중요하다.

이력서에는 기본적으로 '내가 누구이고(Who I am), 무엇을 했고(What I've done), 어떻게 했고(How I've done), 왜 적격인지(Why I am the right person for the job)' 등의 내용을 써야 한다. 또 같은 내용이라도 어떻게 작성하느냐에 따라 인터뷰 초대권이 올 수도, 안 올 수도 있다. 영문이력서 작성시 주의사항은 다음과 같다.

1) 채용직무에 꼭 맞지 않는 한, 희망분야는 쓰지 않는다

산업분야나 기업의 특수성에 따라 조직의 규모나 직무가 다르기 때문에 스스로 기회를 제한할 필요가 없다. 굳이 쓴다면 '자신의 경력과 능력을 효율적으로 활용할 수 있는 직장의 매력적인 직책을 구하는(Seeking a challenging position in a dynamic organization where my previous experiences and abilities can be effectivey utilized)' 식으로 탄력적으로 쓰는 게 좋다. 특히 희망 직책까지 표시하는 것은 적절하지 않다.

2) 출신교와 전공을 정확히 표기하고, 학점이 높으면 병기한다

출신학교나 전공이 유리하다고 생각할 경우, 학교와 전공을 구체적으로 적어 넣는다. 또한 학점이 좋을 경우 병기하는 게 좋다. 학점을 안 적으면 '보통 이하'로 평가받게 된다.

3) 직무경험과 업무성과는 구체적이고 명확하게 기록한다

일했던 부서의 인원이나 본인 역할은 '하루에 100건 이상의 거래를 처리한(Handled in excess of 100 transaction per day…)' 것처럼 숫자를 들어 짧고 명확하게 설명하는 게 좋다. 근무했던 회사에 대한 설명이 필요한 경우 직원 수, 연간 매출액, 순이익 등도 적는 것이 좋다. 업무성과도 '연간 미화 500만달러에 이르는 팀원의 목표를 성취하는데 기여한(Contributed to achieve the annual team goal of US$ 5 million)' 것이나 '3개월 내의 30명의 신규고객을 개발한(Developed 30 new clients in 3 months)' 것처럼 명확하게 기술하는 것이 좋다. 단, 팀 전체의 성과를 본인만의 것으로 과장하면 향후 인터뷰에서 노련한 면접관에 의해 들통날 수 있으므로 위험하다.

4) 과장하지 말고 있는 사실 그대로 정직하게 쓴다

학력 · 경력을 속였다가 낭패를 보는 경우가 적지 않다. 우리 사회

는 학연 · 지연으로 얽힌, 아주 좁은 사회다. 또한 인터넷 등을 통해 정보의 조회와 확인을 아주 쉽게 할 수 있는 시대이기 때문에 거짓은 언젠가 들통난다.

5) 직무경험, 지식 등의 내용을 채용직무에 맞게 적절히 짜깁기한다

직무에 따라 더 혹은 덜 요구되는 경험과 지식이 있다. 따라서 똑같은 내용의 이력서를 다양한 채용직무에 사용하는 것은 좋지 않다. 후보자의 경험 중 그 직무에 더 요구되는 부분은 보다 상세하게 쓰고, 덜 요구되거나 관련이 없는 부분은 아주 짧게 기술하거나 빼는 것이 좋다. 그래야 심사위원이 필요한 부분을 한눈에 볼 수 있기 때문이다.

6) 너무 튀는 취미는 쓰지 않는다

취미 및 관심분야(hobbies and interests)를 이력서에 포함시키는 게 좋은가에 대해서는 논란이 많다. 하지만 이력서를 무엇으로든 채워야 하는 첫 취업준비생이나 분야를 완전히 바꾸려는 전직 준비자의 경우에는 취미를 적는 게 유리할 수 있다.

다만, 적더라도 암벽등반 · 행글라이딩 · 스쿠버다이빙 등과 같이 위험도가 높거나 시간을 요하는 취미생활은 안 쓰는게 좋다.

7) 희망연봉은 상대회사에서 특별히 원하지 않으면 쓰지 않는다

본인의 희망연봉 수준을 밝힐 경우, 더 받을 수 있는 기회를 놓치거나 아주 적은 금액의 연봉차이 때문에 인터뷰 기회를 놓칠 위험이 있다.

8) 글자는 단정하고 읽기 편하게, 서식은 단순하고 프로페셔널하게 쓴다

튀어 보이기 위해 독특한 글자체를 쓰는 것은 좋지 않다. 일반적 명조나 고딕체에 크기는 10~14포인트가 무난하다. 독창성을 살린다며 테두리 · 음영 · 박스 · 괄호 등 여러 가지 도구나 기호를 쓰는 것도 좋지 않다.

9) 맞춤법은 제3자에게 최종 검토시키고, 전화번호와 이메일은 본인이 여러 번 확인한다

맞춤법이 틀린 이력서는 후보자를 준비되지 않은 사람으로 생각하게 한다. 하지만 틀린 맞춤법은 본인의 눈에는 잘 띄지 않는다. 또 이력서는 공들여 아주 잘 썼는데 전화번호 숫자 하나, 혹은 이메일 철자 하나가 틀려서 인터뷰 통보를 못하는 경우가 종종 있다.

5. 국문 이력서 작성 요령

국문 이력서 작성할 때 주의사항은 다음과 같다.

1) '문방구 이력서'는 사용하지 않는 게 좋다

입 · 퇴사, 진급 연월일, 부서 · 직급 등만을 기록한 문방구 양식의 이력서는 절대 피해야 한다. 이런 이력서는 시대착오적이고 아주 무성의한 이력서로 간주된다. 시기순으로 작성하게 돼 있어 학력 · 병역 · 경력사항 등이 뒤섞인다는 것도 단점이다.

2) 체계적 · 기술적으로 정리해 채용담당관의 호기심을 끈다

일반적으로 '인적사항', '학력 및 교육사항', '경력사항', '기타사항',

순으로 기술한다. '경력사항'의 내용이 많을 경우, '요약경력'과 '상세경력'으로 나눈다. '요약경력'에는 근무기간과 회사명만을 넣어 '인적사항', '학력 및 교육사항'과 함께 가능하면 첫 페이지에 간단하게 기술한다. 다음 페이지에 적어 넣을 '상세경력'에는 근무회사에 대한 간단한 소개(잘 알려진 회사일 경우에는 예외)와 직무내용, 업무성과, 업적 등을 기술한다.

3) '인적사항' 중 연락처는 첫 페이지의 상단에 표기한다

간혹 연락처를 이력서의 끝 부분에 적는 경우가 있는데, 이것은 적절하지 않다. 채용담당관은 수많은 이력서 중 한 사람의 연락처를 다시 찾기 위해 페이지를 뒤적뒤적할 만큼 한가하지 않다. 극단적인 경우 그 후보자에 대해 호감을 갖고 연락처를 찾다가 제대로 눈에 띄지 않으면 이력서를 던져버릴 수도 있다. 그렇다고 연락처의 글자체나 크기를 달리하여 너무 튀게 표기하는 것은 프로페셔널(professional)해 보이지 않으므로 피해야 한다.

4) '경력사항'은 자세히 적되, 관련된 사항만 정리한다

영문 이력서와 달리 국문 이력서의 경력사항에는 업무내용만 간단하게 나열하면 된다고 생각하는 사람들이 많다. 잘못된 상식이다. 내가 어느 부서에서 어떤 일들을 어떻게 했고, 어떤 성과들을 거두었는지에 대해 자세히 적을 필요가 있다. 물론 중언부언(重言復言)하지 않고 깔끔하게 정리할 필요는 있으며, 특히 취업 희망 직무와 관련된 부분에 중점을 두어 작성한다. 부서 인원, 거래금액, 거래건수, 목표액, 달성비율 등 구체적 숫자를 포함하는 게 좋다. 본인의 실적이나

업적을 과장하는 것은 당연히 금물이다.

5) 불필요한 자격증이나 특이한 취미는 적지 않는다

'기타 사항'의 자격증란에 '운전면허 2종 보통' 등 직무와 무관한 면허나 자격증을 적으면 왠지 궁핍해 보여 좋지 않다(물론 영업직 등 운전면허가 필요한 경우에는 예외). 또 너무 튀거나 위험도가 높은 취미, 특히 시간을 많이 요하는 취미는 빼는 게 좋다.

6) '인적사항'에서 본적, 호적관계, 상세한 가족관계는 빼도 무방하다

취업 희망 회사에서 특별히 요구할 경우에는 예외겠지만, 자세한 가족관련 사항은 이력서에서 빼도 좋다. 이런 사항은 과거 '문방구 이력서'에 포함되는 바람에 관행적으로 써온 경향이 있었다. 성명, 현주소, 생년월일, 병역관계, 결혼여부, 자녀 여부, 연락처 정도면 족하다.

7) 사진 첩부나 출신고교 기재는 불필요하다

인물이 탁월한 경우가 아니라면, 또 상대 회사에서 요구한 경우가 아니라면 사진은 굳이 첩부할 필요가 없다. 괜히 면접 담당관을 '실망'시킬 수 있고, 또 사진에 신경을 쓰게 해 본인 실력을 피력할 기회를 줄일 가능성도 있다. 첩부할 경우엔 전문 사진관에서 찍은 인상 좋은 사진을 골라 사용한다.

또 '학력 및 교육사항'에서 최종학력이 대졸 이상인 경우, 출신고교가 오랜 전통의 학교가 아니라면 굳이 적을 필요가 없다. '교육사항'에는 직무에 관련된 교육이나 외국어 · 컴퓨터 등 직무에 도움이 되는 교육만 써 넣는다.

활자체(font)나 서식(style)은 튀지 않고 단정하여 읽기 편하게 작성하고, 명조 · 바탕 · 굴림체에 크기는 11~12 정도가 무난하다. 오 · 탈자난 정확한 연락처에 대한 최종 확인도 잊지 말아야 한다.

6. 자기소개서 작성 요령

이력서가 인적사항 · 학력 · 경력 등 자신의 객관적 정보를 제시하는 것이라면, 자기소개서는 성장배경 · 학교생활 · 직장경험 · 성격 · 철학 · 장단점 · 지원동기 · 포부 등 본인만의 차별화된, 주관적 정보를 채용담당관에게 적극적으로 보여주는 것이다. 취업 · 이직의 성패를 판가름하는 최종 승부처, 자기소개서의 주의사항에 대해 알아본다.

1) 이름 소개로 시작하지 않는다

이력서에 이미 나와 있는 본인의 이름을 소개함으로써 시작하는 자기소개서는 캐주얼(비격식적)하고 초라한 느낌을 주어 좋지 않다. 특히 영문 자기소개서에서 'My name is XXX' 혹은 'I am XXX'로 시작하는 경우를 흔히 볼 수 있는데, 이런 문장은 빼는 것이 좋다.

2) 표현의 일관성을 유지한다

의외로 '~이다' 와 '~입니다', '나는'과 '저는'을 혼용하는 소개서가 많다. 이런 지원서는 지원자를 불안정하고 아마추어로 보이게 한다.

3) 지나치게 한 부분에 치중하지 않는다

전체 소개서의 반을 학창시절 이야기에 할애한다고 생각해보라.

당연히 다른 내용이 빈약해질 뿐 아니라 "이 사람은 할 이야기가 이것밖에 없나"하는 느낌을 주게 된다. 본인을 소개할 여러 가지 내용의 핵심사항을 잘 정리해 적절히 안배할 필요가 있다.

4) 지원 대상 회사에 맞춰 자기소개서를 준비한다

똑같은 자기소개서를 여러 회사에 제출하는 것은 좋지 않다. 지원 대상 회사에 대해 사전조사를 한 후 그 회사나 산업에 특별히 관심을 갖게 된 동기 등에 대해 합리적 설명을 한다면 회사에서도 더욱 관심을 갖게 될 것이다.

제11장 편지 매너

남에게 호의를 베푸는 데에 참다운 예의가 있다.

J.J. 루소

제11장

편지 매너

1. 편지를 잘 쓰려면

아름답고 감동적인 편지는 높은 교양이나 표현의 정교함에서 만들어지는 것은 결코 아니다. 문장이 서투르거나 글씨가 예쁘지 않아도 거짓이 없는 솔직한 심정이 담겨 있는 편지를 대할 때 깊은 감동을 받는 예가 더 많다.

요즘은 편지를 쓰지 않아도 전화나 이메일 등으로 얼마든지 용건을 처리할 수 있는 편리한 세상이 됐다. 편지는 전화가 없는 집에서나 또는 멀리 떨어진 곳에서만 주고받는 통신수단이 아니다. 편지는 전화보다 더 정성이 깃들인 연락수단이요, 인사요, 정표인 것이다. 잠깐 시간을 내어 자신의 마음을 적어 보내는 편지는 이렇듯 인간관계를 아름답게 형성해 주고, 마음과 마음을 이어주는 가교역할을 하게 된다.

1) 주소록을 정리한다

편지 쓰는 생활을 잘하려면 평소 자기와 인간관계를 맺고 있는 사람들에게 관심을 가지고, 그 사람들의 주소록을 정리해 두는 것이 좋다.

2) 상대방에 걸맞은 편지를 쓴다

편지는 상대방이 누구냐에 따라 형식과 내용, 그리고 말투가 달라져야 한다. 친구에게 보내는 편지는 마주앉아 대화하듯 쉽고 다정하게 써야 하고, 은사나 상사에게 보내는 편지는 경어를 사용하여 존경의 뜻을 나타내야 한다.

3) 목적에 맞는 편지를 쓴다

편지를 쓰는 데는 어떤 목적이 있게 마련이다. 즉 위문편지 · 거절편지 · 안부를 묻는 편지 등을 들 수 있는데, 편지는 목적에 맞는 내용으로 써야 한다. 다시 말하면 위문편지는 위문의 뜻을 담아야 하고, 거절편지는 상대방에게 불쾌감을 주지 않도록 거절하는 뜻을 정중하게 담아야 한다.

4) 자기에게 알맞은 말로 표현한다

은사님께 쓰는 편지라 하여 예절에 어긋나지 않으려고 여러 가지 서한집을 보고, 뜻도 모르는 어려운 말을 사용하는 것은 바람직하지 않다. 또한 이런 편지는 격식을 지나치게 갖추게 됨으로 따뜻한 정이 흐르지 않는다. 따라서 편지를 쓸 때는 자기 자신에게 알맞은 말을 사용하여 쓰는 것이 좋다.

5) 편지는 마음으로 쓴다

편지를 쓸 때는 상대방이 바로 자기 앞에 앉아 있다고 생각하고 쓰는 것이 좋다. 다시 말하면 어렵게 생각하지 말고 상대방에게 말하듯이 쓰면 되는 것이다. 정성을 들여 쓴 편지는 곧 상대방의 마음을 열 수 있다.

6) 간결하게 표현한다

편지는 상대방에게 전하고자 하는 용건을 간결하게 표현하는 것이 무엇보다 중요하다. 그러기 위해서는 하나의 단락에 한 가지의 용건을 쓰는 것이 바람직한 방법이다.

7) 감정은 억제한다

아무리 화가 나는 일이 있어도 편지에는 함부로 감정적인 말을 써서는 안 된다. 편지는 문자로 남게 됨으로 나중에 후회하는 말은 하지 않는 것이 현명한 일이다.

8) 편지 내용에 맞는 회답을 한다

상대방의 편지 내용을 잘 읽고, 그 내용에 맞도록 회답을 써야 한다. 상대방이 묻는 내용에 대해서는 언급하지 않고, 자기가 하고 싶은 말만 쓰면 큰 실례가 된다.

9) 편지의 올바른 선택을 한다

편지의 종류에는 우편엽서나 봉함편지 등 여러 가지가 있다. 이 중에서 목적이나 상대방에 따라 알맞은 것을 선택해서 사용해야 한다.

2. 편지 매너

편지는 상대방에 따라 실례를 범하지 않도록 여러 가지 배려를 하지 않으면 안 된다. 어떤 경우에는 일반적인 관습에 따라 형식을 갖출 필요가 있고, 친구처럼 가까운 사이에는 그런 형식을 벗어나 구어체로 부드럽게 쓸 수도 있다.

편지는 또한 그 목적에 따라서 문장을 간결체나 만연체 등 알맞은 문체로 써야 한다. 그리고 내용이 간곡한 설득력이나 권유·충고라면 자연히 길어질 것이므로 길게 써도 상관이 없다.

1) 회답은 신속하게 보낸다

무엇을 조사하여 알려 주는 경우를 제외하고는 회답은 즉시 보내는 것이 예의다. 회답을 너무 늦게 하면 실례가 된다. 즉시 회답하는 습관을 길러야 한다.

2) 축하 편지는 빠를수록 좋다

생일 축하·합격 축하·승진 축하 등 상대방의 기쁨을 축하하는 편지나 전보는 빠를수록 좋다. 상대방의 기쁨이 식은 후에 보내는 축하 편지는 의미가 없다.

3) 상가에는 축하편지를 금한다

장례를 치르고 있는 집에는 생일 축하 편지·크리스마스 카드·연하장 등을 보내지 않는다. 꼭 보내야 할 경우에는 장례식이 끝난 후에 위로의 편지를 겸하여 보내는 것이 예의다.

4) 글씨는 바르게 쓴다

글씨는 잘 쓰느냐 못 쓰느냐가 문제가 아니라, 바르게 쓰는 것이 중요하다. 서투른 글씨라도 바르게 쓰면 훌륭한 글이 된다.

5) 경어와 경칭을 바르게 쓴다

말을 할 때 웃어른에게 경칭을 쓰고 경어를 사용하듯이, 편지에서도 경칭과 경어를 바르게 사용해야 한다.

은사님에게 보내는 편지의 겉봉에 은사님의 이름만 쓰고 〈○○○ 귀하〉라고 하는 것은 큰 실례가 된다. 이럴 때는 꼭 경칭을 써서 〈○○○선생님 귀하〉라고 써야 한다.

6) 날짜와 서명을 정확하게 쓴다

편지 끝에는 날짜와 서명을 한다.

7) 편지지는 깨끗한 것을 사용한다

편지지는 깨끗한 것을 사용해야 한다. 꽃무늬가 요란한 학생용 편지지나 색깔이 있는 편지지는 윗사람이나 처음으로 편지를 보내는 상대방에게는 사용하지 않는다.

8) 봉투의 앞뒷면을 바르게 쓴다

엽서나 봉투를 가로쓰기 할 때는 앞면을 쓴 다음 뒷면은 옆으로 뒤집어 써야 한다. 또한 봉투나 엽서를 책상에 세워놓았을 때는 앞뒤의 글씨가 모두 바로 쓰여 있어야 한다.

세로쓰기는 봉하는 쪽을 왼쪽으로 하여 앞면을 쓰고, 아래로 뒤집어서 다시 봉하는 쪽을 왼쪽으로 하여 뒷면을 쓴다.

9) 사과나 의뢰편지는 봉함편지로 쓴다

정중히 사과하는 편지나 간절히 부탁하는 의뢰편지는 엽서를 사용하지 않고, 봉함편지를 사용해야 한다.

10) 한 봉투에는 한 사람의 편지만 넣어야 한다

한 직장에 아는 사람이 두 사람 있다고 해서 한 사람에게 편지를 보내는 봉투 속에 또다른 사람에게 보내는 편지를 동봉하는 것은 실례가 된다.

3. 편지의 형식

편지의 짜임은 대체로 앞부분(머리), 알리는 부분(중심), 끝 부분(마무리)의 세 단계의 기본 형식으로 이루어진다.

편지의 구성

단　　계	구　　분
앞부분(머리)	계절인사 상사에 대한 안부 인사 보내는 사람의 안부 인사 사과인사
알리는 부분(중심)	하고 싶은 말
끝 부분(마무리)	정리하는 말 전하는 말 끝맺는 말 날짜 서명

4. 편지지와 봉투 쓰기

편지지는 문자의 배열에 따라 느낌이 달라진다. 따라서 다음과 같은 점에 유의하여 쓰는 것이 좋다.

- 이름과 경칭을 쓰고, 한 줄을 띄운 후 편지 내용을 쓰기 시작한다.
- 내용에 따라 한 가지 이야기를 한 단락으로 쓴다.
- 줄이 있는 편지지나 백지의 경우라도 글은 줄을 맞추어 쓴다.
- 앞부분, 알리는 부분, 끝 부분 사이를 한 줄씩 띄어도 좋다.
- 내용이 많은 경우에는 무리하게 한 장에 빽빽하게 쓰지 말고 장수를 늘려서 보기 좋게 써야 한다.
- 문장부호를 사용하여 뜻을 분명히 한다.
- 줄을 바꿀 때는 단어나 숙어가 가급적 끊어지지 않도록 한다.
- 편지지를 접어서 봉투에 넣을 때는 봉투에 알맞은 크기로 접는다.

봉함편지의 봉투는 다음과 같은 요령으로 쓴다.

- 앞면에는 편지를 받는 사람, 뒷면에는 보내는 사람의 주소와 이름을 쓴다.
- 앞뒷면 모두 우편번호를 확실하게 알아보고 기입한다.
- 보내는 사람의 주소와 이름을 쓰는 뒷면 구석에 편지를 보내는 날짜를 써넣는다.
- 주소가 긴 경우에는 알맞게 끊어서 보기 좋게 두 줄로 쓴다.

편지 봉투 예

보내는 사람

서울시 은평구 신사동 *123-123*

홍 길 동

4 2 3 - 5 2 3

받는 사람

서울시 성북구 정릉동 *123-123*

홍 길 동 귀하

2 4 3 - 8 2 3

제12장 직장인 매너

1. 복장과 몸가짐
2. 바른 자세
3. 출근 · 퇴근 · 결근
4. 인사
5. 근무
6. 인간관계
7. 상사 · 선배와의 술자리
8. 회의진행
9. 접견
10. 이메일
11. 접대를 받을 때
12. 해외고객을 맞이할 때
13. 사라져 가는 직장 내 예의범절
14. 퇴사 요령

정성이 깃든 예의에는 정다움이 느껴진다.

J.W. 괴테

제12장

직장인 매너

1. 복장과 몸가짐

직장에서는 활동하기 쉽고 불편하지 않은 복장이 좋다. 유행을 중시한 나머지 걷기 힘든 구두나, 너무 지나치게 화려한 디자인의 복장은 금물이다. 직장 분위기에 맞는 청결하고, 편한 복장을 착용해야 한다. 최근 직장에서는 캐주얼웨어(casual wear) 등 비교적 복장이 자유로워졌지만, 갑작스런 접대나 타사의 방문 등 언제 어떠한 일이 생기더라도 대응할 수 있는 상식적인 복장의 준비가 필요하다.

헤어스타일이 단정해도 비듬이나 기름기 있는 머리, 부스스한 머리는 금물이다.

남성은 때가 낀 셔츠나, 정리하지 않은 수염 등도 물론 금물이다. 불결함이나 흐트러진 인상을 상대방에게 주지 않도록 주의한다. 또한 여성은 지나친 화장이나 매니큐어(manicure)도 피해야 한다. 액세서리(accessories) 또한 마찬가지다.

1) 직장 남성의 차림새

(1) 머리 · 얼굴

머리는 청결함이 가장 중요하며, 정리하지 않은 수염 등은 물론 금물이다. 불결함이나 흐트러진 인상을 상대방에게 주지 않도록 주의해야 한다. 머리는 자주 이발하고, 항상 깔끔하게 빗질하며, 앞머리는 이마를 가리지 않도록 한다. 그리고 옆머리는 귀를 덮지 않도록 하고, 뒷머리는 와이셔츠 깃을 덮지 않도록 한다. 매일 아침마다 면도를 하고, 치아를 깨끗이 닦는다. 특히 입 냄새를 주의하고, 미소 띤 밝은 얼굴을 유지한다.

(2) 복장

주위로부터 호감을 사는 복장을 해야 한다. 구깃구깃한 양복을 입고 있다면 단정하지 못한 사람으로 생각될 것이고, 면접을 보고 있는 사람이라면 면접관에게 아무래도 좋은 점수는 받기가 어려울 것이다.

직장인의 복장은 명확하게 정해진 것은 없지만, 한 가지 공통점은 주위로부터 호감을 살 수 있는 옷차림에 신경을 써야 한다는 것이다. 사내에서 너무 튀는 복장은 금물이다. 회사마다 나름대로의 사풍이 있을 것이다. 회사의 분위기에 어울리는 복장을 하는 것이 좋다.

색상은 청결한 인상을 준다면 특별히 문제가 없다. 무난한 것은 검정이나 감색, 어두운 회색 등의 양복이 좋다. 상의의 소매는 소맷부리에서 와이셔츠가 1센티 정도 보이는 길이가 적당하다. 비듬이

떨어졌거나 더러워졌을 때는 주의해야 한다. 항상 솔질하는 것을 잊지 않도록 한다.

(3) 와이셔츠

와이셔츠는 긴팔이 기본이며, 여름이라고 해서 반팔 와이셔츠를 입으면 캐주얼 한 인상을 주게 된다. 목 언저리의 형태는 레귤러 타입이 기본이다. 목 언저리가 지나치게 헐렁하면 단정하지 못한 인상을 주게 됨으로 꽉 맞는 사이즈를 선택해야 한다.

블루 · 노랑 · 핑크 등의 컬러셔츠는 너무 화려하지 않는 색 배합을 한 것으로 선택하고, 와이셔츠의 목 언저리나 소맷부리는 더러워 질 수 있으므로 매일 갈아입어야 한다. 때가 낀 와이셔츠의 착용은 상대방에게 나쁜 인상을 줄 수 있다.

(4) 넥타이

여성에 비해 개성을 연출하기 어려운 것이 남성의 비즈니스 패션이다. 그러나 가장 손쉽게 자기주장을 할 수 있는 것이 넥타이일 것이다. 숨김없이 감각을 보여줄 수 있다면 호감도가 올라갈 것이다. 적어도 1주일 동안 번갈아 가면서 맬 수 있을 만큼 준비하는 것이 좋다.

무난한 것은 무늬가 작은 타입이 좋다. 그러나 니트 타이나 화려하게 인화된 무늬는 피해야 한다. 넥타이의 길이는 벨트의 버클이 가릴 정도로 조절하고, 넥타이핀을 꽂을 경우에는 와이셔츠 위에서 다섯 번째 단추 근처에 꽂는 것이 좋다.

(5) 바지 · 벨트

바지 길이는 너무 길어도, 너무 짧아도 안 된다. 서 있는 상태에서 옷자락 앞부분이 구두의 발등에 닿을 정도의 길이가 되는 것을 선택한다. 또한 동전을 바지 주머니에 넣고 다니면 걸을 때마다 소리가 나게 됨으로 좋지 않다. 동전의 경우 동전지갑을 사용하면 편리하다. 양복의 주름은 항상 빳빳하게 다림질해서 입는다. 벨트는 크거나 화려한 버클을 부착한 타입이나 캐주얼 한 것은 피하는 것이 좋다.

(6) 구두 · 양말

구두는 항상 윤기가 나도록 깨끗하게 닦고, 끈이 달린 구두를 선택한다. 색상은 검정이나 짙은 갈색이 좋다. 비 오는 날에 외출했다가 신발에 흙이 묻은 채로 사무실을 활보하는 것은 실례가 된다. 구두의 흙을 말끔히 터는 것이 매너다. 그리고 양말은 검정색도 좋지만, 양복과 같은 계통의 것을 선택한다. 정장에 흰색 양말은 신지 않는다.

(7) 남성의 용모 · 복장 체크리스트

구 분	체 크 사 항	등 급		
		A	B	C
머리	앞머리는 눈을 가리지 않았는가?			
	잠을 잔 흔적은 없는가?			
	비듬은 없는가, 냄새는 안 나는가?			
얼굴	깨끗하게 면도를 하였는가?			
	입 냄새는 안 나는가?			
	눈은 충혈 되지 않았는가?			

구 분		체 크 사 항	등 급		
			A	B	C
복장	와이셔츠	목 언저리나 소매 부분은 더럽지 않은가?			
	넥타이	색상, 무늬 등 색 배합은 적당한가?			
		다림질은 잘 되어 있는가?			
		때, 얼룩, 구겨짐은 없는가?			
		삐뚤어져 있거나 풀어져 있지 않은가?			
		양복과 와이셔츠에 잘 어울리는가?			
		넥타이 길이는 적당한가?			
	상의	너무 화려하지 않은가?			
		단추는 잘 잠겨 있는가?			
		주머니가 불룩할 정도로 많이 넣지 않았는가?			
	바지	다림질이 잘 되어 있는가?			
		벨트가 너무 꽉 조여 있지 않은가?			
손		손톱이 길지 않은가?			
		용변 후 꼭 씻는가?			
양말		양말은 신었는가?			
		매일 갈아 신는가?			
		양복이나 구두 색상과 잘 맞는가?			
구두		잘 닦여져 있는가?			
		굽이 닳아져 있지 않은가?			
		색상이나 모양이 무난한가?			
가방, 지갑		형태가 망가져 있지 않은가?			
		깨끗이 손질되어 있는가?			
		명함은 명함 지갑에 넣어져 있는가?			

※ A등급 : 우수, B등급 : 보통, C등급 : 개선 요망

2) 직장 여성의 차림새

(1) 머리 · 얼굴

머리는 일하는데 방해가 되지 않는 청결한 헤어스타일(hair style)이 좋으며, 윤기 있는 아름다운 머리카락을 유지해야 한다. 머리가 길면 인사를 할 때나 근무할 때 얼굴을 가릴 수 있으므로 단정하게 정리해야 한다.

특히 헤어스타일이 단정해도 비듬이나 기름기가 있는 머리, 부스스한 머리는 금물이다. 너무 진한 메이크업(makeup)은 나쁜 인상을 줄 수 있는데, 역으로 노 메이크업(no makeup)은 실례가 된다. 밝고 건강하게 보이는 자연적인 메이크업에 신경을 써야 한다.

루주(rouge)나 매니큐어(manicure)는 새빨간 색이나 어두운 색은 피하는 것이 좋다. 또한 화장을 고칠 때는 반드시 화장실을 이용한다. 사무실이나 지하철 · 버스 안 등 사람들 앞에서 화장을 고치는 것은 금물이다.

(2) 복장

우선 일하기 편한 복장이 중요한 포인트다. 가슴이 너무 깊숙이 파인 블라우스(blouse)는 본인이 활동하기에 불편할 뿐만 아니라 주변사람들의 시선을 불편하게 만든다. 옷은 청결함과 활동하기 쉬운 것을 가장 먼저 생각하고, 그 다음에 디자인을 선택한다. 유달리 튀어난 색은 그다지 좋지 못하다. 그리고 길이가 너무 짧은 스커트나 몸의 디자인이 강조된 듯한 너무 꽉 맞는 스타일의 옷은 피하는 것이 좋다.

(3) 구두 · 스타킹

긴 시간을 신고 있어도 피로하지 않을 타입의 신발을 선택하고, 정장에 어울리는 색상의 단정한 구두를 신는다. 구두는 발끝이 넓고, 힐도 그다지 높지 않은 것이 좋다. 또한 지나치게 발소리가 나지 않는 것으로 한다. 스타킹은 살색이 무난하지만, 옷과 어울리게 하려면 회색이나 검정도 좋다. 파손을 대비해 항상 예비로 휴대하는 것이 좋다.

(4) 액세서리 · 향수

일을 방해하는 듯한 큼직한 귀고리나 브로치 · 반지 등은 직장에서는 피해야 한다. 장식을 할 때는 작은 보석이 박힌 것이나 금 · 팔찌 등의 귀금속만으로 된 심플한 타입을 선택한다. 액세서리(accessories) 또한 마찬가지이다. 너무 화려한 액세서리는 비즈니스에 어울리지 않는다.

특히 주렁주렁 달린 액세서리는 일을 할 때 거추장스럽다. 향수는 사용하지 않는 것이 원칙이나, 꼭 사용할 경우에는 향이 은은하고 무난한 것을 사용한다.

(5) 핸드백

핸드백은 지나치게 화려하지 않는 것이 좋으며, 깨끗하게 손질되어 있어야 한다. 그리고 옷의 색깔과 자기의 체형에 따라 선택하고, 구두의 색상과 어울리는 것이 좋다. 특히 핸드백 속에 소지품은 잘 정리해서 가지고 다녀야 한다.

(6) 스카프

스카프는 여성의 아름다운 외양을 변화시키는데 다양한 역할을 한다. 고급 스카프는 무늬가 아름다워 기본 색상과는 거의 잘 어울리게 되어 있다. 그러나 키가 작은 여성은 등을 감싸는 큰 스카프는 하지 않는 것이 좋다.

(7) 여성의 용모 · 복장 체크리스트

<table>
<tr><th rowspan="2">구 분</th><th rowspan="2">체 크 사 항</th><th colspan="3">등 급</th></tr>
<tr><th>A</th><th>B</th><th>C</th></tr>
<tr><td rowspan="5">머리</td><td>머리가 청결하고 손질이 잘 되어 있는가?</td><td></td><td></td><td></td></tr>
<tr><td>일하는데 적합한 머리형인가?</td><td></td><td></td><td></td></tr>
<tr><td>앞머리가 눈을 가리지 않는가?</td><td></td><td></td><td></td></tr>
<tr><td>유니폼에 잘 어울리는가?</td><td></td><td></td><td></td></tr>
<tr><td>머리핀이나 액세서리가 너무 눈에 띄지 않는가?</td><td></td><td></td><td></td></tr>
<tr><td rowspan="2">화장</td><td>밝고 건강한 느낌을 주는가?</td><td></td><td></td><td></td></tr>
<tr><td>립스틱 색깔은 적당한다?</td><td></td><td></td><td></td></tr>
<tr><td rowspan="6">복장</td><td>유니폼이 구겨지지 않았는가?</td><td></td><td></td><td></td></tr>
<tr><td>유니폼에 얼룩은 없는가?</td><td></td><td></td><td></td></tr>
<tr><td>다림질은 잘 되어 있는가?</td><td></td><td></td><td></td></tr>
<tr><td>스커트의 단 처리가 깔끔한가?</td><td></td><td></td><td></td></tr>
<tr><td>어깨에 비듬이나 머리카락이 붙어 있지 않은가?</td><td></td><td></td><td></td></tr>
<tr><td>출퇴근 시의 복장은 단정한가?</td><td></td><td></td><td></td></tr>
<tr><td rowspan="2">손</td><td>손톱의 길이는 적당한가?</td><td></td><td></td><td></td></tr>
<tr><td>손은 깨끗이 잘 관리하고 있는가?</td><td></td><td></td><td></td></tr>
<tr><td rowspan="3">스타킹</td><td>색깔은 적당한가?</td><td></td><td></td><td></td></tr>
<tr><td>올이 풀리거나 늘어지지는 않았는가?</td><td></td><td></td><td></td></tr>
<tr><td>예비 스타킹을 가지고 있는가?</td><td></td><td></td><td></td></tr>
</table>

구 분	체 크 사 항	등 급		
		A	B	C
구두	깨끗이 닦여져 있는가?			
	모양이 찌그려 있지 않은가?			
	뒤축이 닳아 있지는 않은가?			
액세서리	목걸이는 적당한가?			
	반지는 너무 눈에 틔지 않는가?			
	업무에 방해되는 액세서리는 없는가?			

※ A등급 : 우수, B등급 : 보통, C등급 : 개선 요망

3) 공식적인 모임에 참석할 때의 차림새

상사를 모시고 공적인 모임에 참석할 때에 너무 캐주얼한 의상이나 포멀한 의상을 착용하는 것은 바람직하지 못하다. '옷이 날개'라는 말이 있지만, 모임의 분위기를 고려하지 않은 옷은 아무래도 날개가 될 수는 없을 것이다.

2. 바른 자세

올바른 자세는 몸이 안정되어 피로하지 않고, 또한 상대방에게 당당한 인상을 주게 된다. 자세를 좋게 보이게 하는 포인트는 등을 바르게 펴는 일이다. 서 있을 때나 앉아 있을 때도 자세를 바르게 한다. 걸을 때는 등을 바로 펴는 것이 중요하다.

발끝은 진행방향으로 똑바로 향하고, 양 발은 나란히 걷는다. 발을 내딛을 때는 발끝뿐만 아니라 허리에서 허벅지를 앞으로 내밀면 경쾌한 느낌이 든다. 바른 자세 포인트는 다음과 같다.

1) 남성의 바른 자세

- 턱을 강하게 당긴다.
- 어깨의 힘을 뺀다.
- 등을 바르게 편다.
- 배를 바싹 당긴다.
- 양 발꿈치를 붙이고, 발끝을 조금 벌린다.
- 팔은 자연스럽게 아래로 하고, 손끝을 모은다.

2) 여성의 바른 자세

- 턱을 당긴다.
- 어깨의 힘을 뺀다.
- 시선은 수평을 하거니 약간 아래로 내린다.
- 등을 바르게 편다.
- 배를 바싹 당긴다.
- 손은 허벅지 근처에 여덟팔자 모양으로 하고 가볍게 붙인다.
- 양 발꿈치를 붙이고, 발끝을 모은다.

3) 옳지 못한 자세

- 허리를 흔들면서 걸을 때
- 배를 내밀거나 몸을 뒤로 젖히면서 걸을 때
- 새우등 같은 동작으로 걸을 때

IMAGE MAKING

복장 매너

- 움직이기 쉽고 단정한 옷차림을 한다.
- 머리 · 손톱 · 코 · 귀도 항상 깨끗이 한다.
- 지나친 화장 · 매니큐어 · 액세서리 등은 삼간다.
- 필기도구 · 명함 등은 항상 휴대한다.

3. 출근 · 퇴근 · 결근

직장에 늦지 않는 것은 기본이며, 어떠한 사정이 생겼을 경우에는 신속하게 대응을 해야 한다.

1) 출근할 때

회사의 출근시간은 일을 시작하는 시간으로서, 그 전에 출근하여 정각에 일을 시작할 수 있도록 해야 한다. 비즈니스맨에게 있어서 시간엄수는 모든 면에서 가장 중요한 매너다.

2) 지각 · 조퇴 · 결근할 때

지각을 할 때는 서둘러서 연락을 취한다. 이유를 정확하게 설명하고, 몇 시 정도에 도착할 것인지를 전한다. 급한 용건이나 약속이 있을 경우에는 상사나 동료에게 조치를 부탁한다. 회사에 도착하면 상사에게 곧바로 달려가 지각사유와 사과를 한다.

조퇴를 해야 할 경우에는 조퇴이유가 생긴 시점에서 상사와 상의하고 허락을 받는다. 조퇴를 할 때는 동료에게도 인사를 한다.

결근을 해야 할 이유가 발생하면 그 시점에서 이야기를 하고 업무에 대한 정리를 해 놓는다. 예측하지 못했던 급한 병으로 결근하는 경우에는, 다른 직원들이 출근하는 시간을 기다려서 신속하게 연락을 취한다.

3) 퇴근할 때

퇴근시간이 되면, 그 날의 업무를 마무리하고, 내일의 업무준비를 미리 정리한다. 책상 위는 항상 깨끗이 정리한 뒤 인사를 하고 퇴근한다. 할 일없이 빈둥빈둥 회사에 남는 것은 삼가한다.

4. 인사

직장에서는 즐거운 마음으로 업무를 진행하기 위해서는 밝고 힘차게 인사를 해야 한다.

1) 상사 · 선배 · 동료에게

아침에 출근하면 먼저 밝은 목소리로 "안녕하십니까?"하고 인사를 한다. 지각을 했을 경우에는 "늦어서 죄송합니다"하고 사과를 한다. 지하철 지연 등의 이유라도 반드시 이야기를 한다.

상사나 선배를 통로에서 마주칠 경우 가벼운 인사나 목례를 한다. 근무가 끝났을 경우에 "먼저 실례하겠습니다"라고 인사하고 퇴근하다.

2) 고객 · 중역에게

중요한 방문객이나 중역과 통로에서 마주쳤을 경우에는 한쪽 편에 멈춰 서서 인사를 하고, 지나갈 때까지 기다린다. 통상적인 방문객인 경우에는 가벼운 인사나 목례를 한다.

3) 외출할 경우

외출할 때는 상사와 동료에게 "다녀오겠습니다"하고 행선지 · 목적 · 귀사시간을 구두나 보드에 메모하여 알려둔다.

5. 근무

근무 매너는 직장의 인간관계 속에서 자신을 연마하고 성장하는데 중요한 역할을 한다.

1) 근무태도

근무중 일 때는 무엇보다 겸손하고 정직한 태도가 가장 중요하다. 누군가 자신을 찾으면 "예"라고 대답을 하고, 설명을 들을 때는 메모를 한다. 항상 자신의 입장과 상대방의 입장을 고려하여 팀워크(teamwork)를 생각한다. 정확한 언어사용과 진지한 업무자세, 그리고 시간엄수가 기본이다.

점심시간이 종료되면 업무를 재개하고, 공과 사를 구분하여 업무시간 중에는 사적인 화제나 전화는 가급적 삼간다.

2) 업무의 진행방법

상사로부터 지시가 있을 때는 그 지시의 내용 · 일정 · 비용 · 우선

순위 등을 확인한다. 만약 모르는 부분이나 의문점이 있으면 설명이 끝나거나 시간이 있을 때에 질문을 하거나 의견을 구한다.

곤란한 일이나 어려운 문제는 혼자서 고민하지 말고 조직의 일원으로서 상사나 선배와 상의한다. 단, "어떻게 하지요?"라고 묻지 말고 자기 나름대로의 생각을 정리하여 둔다.

또한 자세한 경과보고 · 연락 · 상담 등이 업무를 원만하게 진행될 수 있도록 한다. 실수나 문제를 일으켰을 경우에는 시간을 지체하지 말고 정직하게 보고하고 상사의 지시를 기다린다. 책임회피를 위한 변명은 자신이 초라해지는 것은 물론 신뢰마저 잃게 된다.

3) 근무 중 체크포인트

체 크 항 목	예	아니오
책상은 항상 정리정돈이 되어 있습니까?		
책상서랍 속은 항상 정리정돈이 되어 있습니까?		
자리를 뜰 때는 의자를 제자리에 넣고 있습니까?		
외출할 때는 행선지, 용건, 귀사 시간을 기록해 두고 있습니까? 근무시간에 잡담하는 일은 없습니까?		
상대방 얼굴에 담배연기를 뿜어대는 일은 없습니까?		
슬리퍼를 신고 있지는 않습니까?		
손윗사람에게 양해를 구하고 담배를 피웁니까?		
부하 직원에게 담배를 사오라는 등 개인적인 심부름을 시키고 있습니까?		
담배를 피우면서 또는 호주머니에 손을 넣고 다니지는 않습니까?		
사무실에서 뛰어다니는 일은 없습니까?		
방문객이나 윗사람 앞에서 등을 기대고 앉는 경우가 있습니까?		
술을 마시고 사무실에 들어오는 일이 있습니까?		
근무시간이 지났다고 해서 사무실에서 바둑이나, 장기 등의 놀이를 하는 일이 있습니까?		
동료 사이에 금전거래를 자주 하는 일이 있습니까?		

체 크 항 목	예	아니오
상사가 부르면 바른 자세로 긴장된 몸가짐을 하고 있습니까?		
보행 중 또는 사무실에서 껌을 씹는 일이 있습니까?		
근무시간 중에 신문, 잡지를 보거나 손톱을 깍는 일이 있습니까?		
구두소리를 요란하게 내며 걷거나 사람을 큰 소리로 부르는 일이 있습니까? 대화를 할 때 조용하게 말하고 있습니까?		
회의나 약속시간 또는 출근시간에 5, 6분 일찍 도착합니까?		
퇴근 시 책상 고무판 밑이나 책상 위 또는 주변을 정리정돈하고 퇴근합니까?		
외출 또는 퇴근할 때 상사에게 말하고 퇴근합니까?		
휴지나 담배꽁초가 보이면 스스로 줍습니까?		
상사가 없을 때 책상 위에 결재서류를 불손하게 놓는 일이 있습니까?		
점심시간을 잘 지키고 있습니까?		
많은 사람 앞에서 부하에게 핀잔을 주는 일은 없습니까?		
상사의 옆자리에 와서 이야기를 할 때 껌이나 담배를 피우는 일은 없습니까?		
근무 중에 친구가 찾아 왔을 때 장황한 이야기를 하거나 시간을 낭비하는 일은 없습니까?		

6. 인간관계

회사라고 하는 조직 속에서는 절도와 구분을 잃지 말고, 항상 사람들과 화목하게 지내야 한다.

1) 동료에 대하여

동료는 긴장하지 않아도 되는 편안한 친구이며, 선의의 경쟁자다. 친한 사이라고 하더라도 업무와 프라이버시(privacy)는 별개다. 예의를 지키면서 인사와 언어의 사용을 정중히 한다. 함께 있을 때에 뒤에서 회사나 상사에 대한 욕을 하지 않도록 선을 긋는다. 또한 발목을 잡는 듯한 태도는 언젠가 자신에게도 돌아온다는 것을 명심해야 한다.

2) 후배에 대하여

후배라고 해서 위압적인 태도나 명령조의 말투는 피한다. 지시할 때는 전체의 흐름과 함께 일의 내용이나 의미를 알기 쉽게 설명한다. 주의를 줄 때 본인에게 수치심을 느끼게 한다든가 낙담하지 않도록 배려하는 것이 필요하다.

3) 상사와 선배에 대하여

누군가 자신을 찾으면 곧바로 대답을 하고 바라본다. 지시나 명령은 그대로 받아들이는 것이 기본이다. 다른 일로 인하여 일이 많을 때는 거절을 할 것이 아니라 상사와 상담해서 우선순위를 정한다.

너무 어렵고 무리라고 생각되는 업무라도 그 자리에서 거절하지 말고, 어떠한 점이 자신에게 어려운지, 무엇이 무리인지 구체적으로 상담해서 지시를 받아들인다. 그리고 주의를 받았을 때는 싫어하는 얼굴을 할 것이 아니라, 우선 사과부터 한다. 이론이나 의문이 있으면 시간을 갖고서 질문의 형태로 냉정하게 의견을 말해본다.

업무는 지시된 일 이상의 마무리나, 플러스 알파의 항목이 어우러져 비로소 충분히 평가된다. 진행상황의 보고도 잊지 않도록 한다.

4) 동료와의 술자리

마음이 맞는 동료와의 교제는 즐겁

지만 과음으로 지각을 하거나 하는 일들은 없도록 주의해야 한다. 회사와 상사에 대한 험담 · 불평 등에 대해서도 주의해야 한다.

5) 후배와의 술자리

선배로서의 품격을 유지하고 잘난 척하거나 무리하게 술이 강한 척을 하지 않는다. 후배가 복수일 경우에는 각자의 취향을 고려해서 술이나 요리의 선택에 있어 이것이라고 정하지 말고 배려를 한다. 사적인 화제에 너무 깊게 들어가지 말고 상대방의 이야기를 들어주는 태도가 중요하다. 후배에게 술자리를 권한 경우에는 자신이 술값을 지급한다.

7. 상사 · 선배와의 술자리

장소에 따라서는 상석과 일반석이 있으므로 사전에 확인한다. 근무시간 외에도 입장이 다름을 구분하는 것이 중요하고, 과음이나 과식도 삼간다. 또한 술자리이기 때문에 괜찮을 것으로 생각하면 큰 실수를 범하는 것이다.

상대방이 술값을 지급 할 때는 카운터에서 "괜찮으십니까?"하고 묻는다. 상대방이 "아, 괜찮아"라고 한다면 문밖에 나와서 "잘 먹었습니다"하고 인사를 한다.

8. 회의진행

회의를 할 때는 만나서 무엇을 할 것인지 목적의식을 정확히 해두어야 한다.

1) 회의준비

회의에서는 토론을 통해서 의사결정을 이끌어 내기도 한다. 또한 공통인식을 철저히 하기도 하고, 단순한 승인을 얻어내는 등 여러 가지의 성격이 있다. 각각의 목적을 분명히 하여 효율적으로 진행을 할 수 있도록 준비해야 한다.

또한 의제와 날짜가 정해지면 회의장을 확보한다. 회사에서 진행하는 경우에는 필요하다면 회의장 안내도를 준비해 첨부자료로서 회의 안내문에 동봉(同封)한다.

2) 회의진행

회의장에서는 출석과 결석을 확인하고, 당일 자료를 배포한다. 사회자는 정각에 회의를 개시하고, 정각에 종료하는 것을 유념한다. 사회자(또는 의장)는 회의의 의제마다 검토내용을 정리하여 의제로부터 벗어날 경우 궤도수정을 하고, 참가자에게 발언의 기회가 균등하게 돌아가도록 한다. 그리고 참가자는 의사진행에 협력하고, 자신의 입장을 정리하여 의견을 명확히 발언한다.

3) 발언할 때

회의진행 순서에 주의하면서 요점을 정확히 발표한다. 회의는 의견을 교환하는 장소이므로 가급적 감정을 자제하고 다른 사람의 입장과 생각도 존중한다.

회의 중에는 반드시 메모를 하고, 사적인 이야기는 금물이다. 또한 회의 중에 자리를 비우는 것은 삼가야 하지만, 꼭 자리를 비워야 할 경우에는 방해가 되지 않도록 조용히 나간다.

9. 접견

좌석배치는 신분이나 직위에 따른 격식이라기보다는 합리적인 비즈니스 매너라고 인식하도록 한다.

1) 접견 시 좌석배치

좌석배치의 기본은 출입구에서 가까운 쪽이 낮은 자리(말석)다. 방문한 사람은 낮은 자리에 앉는 것이 매너다. 접견실 등에서는 3명이 앉는 긴 자리와 1인용 팔걸이 의자 2개가 마련되는 것이 일반적이다. 이 경우 3인용 자리가 방문객의 자리로, 이 중에서도 순서는 역시 출입구 가까운 쪽이 낮은 자리다. 1인용 팔걸이 의자가 출입구 가까이에 있어도 방문객은 긴 의자에 앉는 것이 기본이다. 1인용 팔걸이 의자의 경우도 출입구를 기준으로 생각한다.

2) 회의시 좌석배치

회의시 상석과 말석의 기준이 되는 것은 출입구의 위치다. 출입구로부터 제일 먼 가운데 자리가 의장석이고 출입구에 가장 가까운 자리가 말석이다.

어려운 것은 의장 다음 서열의 자리인데, 출입구로부터 먼 쪽의 의장석 옆자리가 넘버 2의 자리가 된다. 그리고 의자의 왼쪽이냐 오른쪽이냐는 출입구 위치에 따라서 결정된다.

의장석의 양 사이드가 출입구로부터 똑같은 경우에는 의장의 오른쪽이 넘버 2의 자리가 된다. 넘버 3 이하는 의장을 중심으로 좌우로 나누어 앉도록 하는데, 출입구를 참고로 자리를 결정한다.

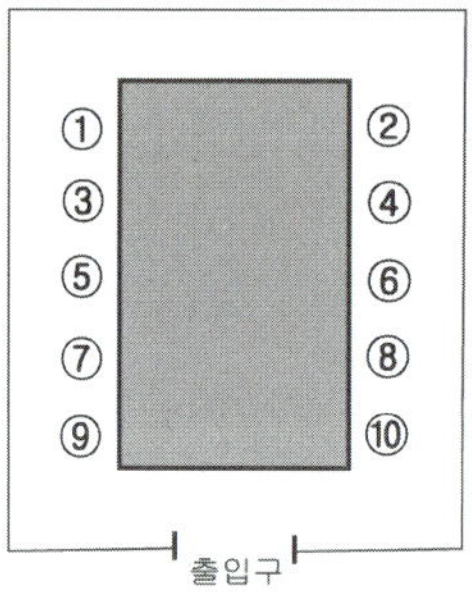

대면형

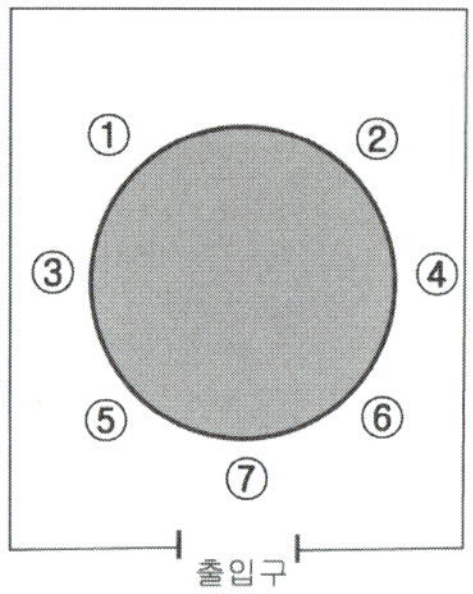

원탁형

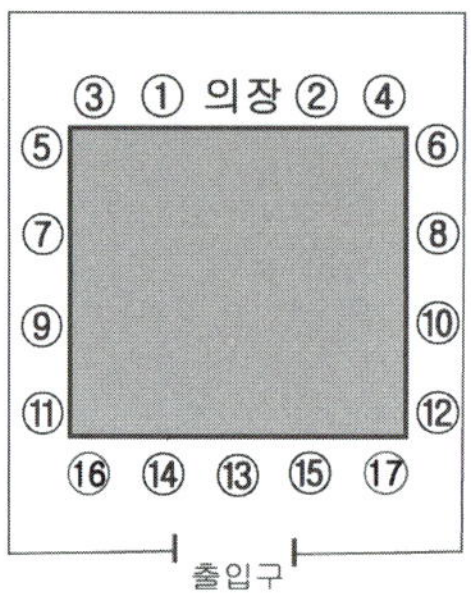

ㅁ자형

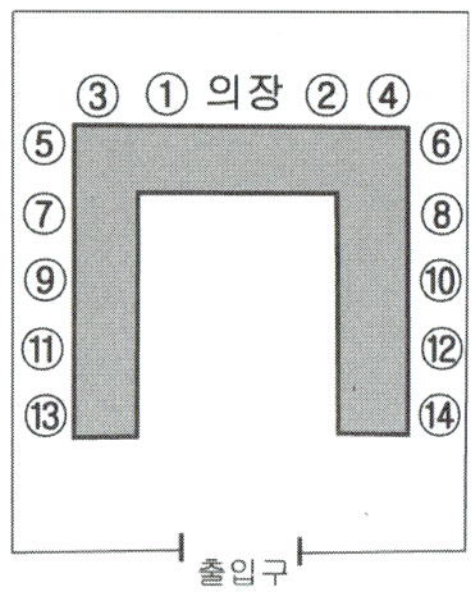

ㄷ자형

3) 음료 접대

접대 순서는 손님이 우선이고, 손님 중에서도 상사부터 대접한다. 쟁반은 일단 테이블 끝에 놓아두고 차는 두 손으로 받쳐서 손님 옆에 조용히 놓는다.

쟁반을 놓아 둘 곳이 없을 경우에는 든 채로 서빙하는 것도 괜찮다. 이 때 서류를 적시지 않도록 주의한다.

- 적당한 시간에 차를 낸다. 차를 내는 시간이 정해져 있다면 때를 맞추어 내는 것이 중요하다.
- 노크를 두 번 가볍게 하고 '실례합니다.'라는 말과 함께 목례를 한 다음 응접실로 들어간다.
- 문을 조용히 닫은 다음 쟁반은 가슴 높이로 하고 인사를 드린다.
- 쟁반은 보조 테이블에 내려놓는다.
- 쟁반 가까운 쪽으로부터 차를 낸다. 받침접시를 오른손으로 쥐고 왼손으로 받쳐 두 손으로 정중하게 손님 앞으로 옮긴다.
- 상석부터 한 사람씩 차를 낸다. 찻잔을 내려놓는 위치는 손님의 정면에서 약간 우측, 테이블 끝에서 10㎝ 가량 안쪽이 적당하다. 커피잔의 경우 손잡이는 손님이 보는 방향에서 오른쪽으로 향해야 하며, 티스푼은 받침 접시의 오른쪽에 놓는다.
- 차를 다 낸 다음에는 쟁반의 표면이 몸쪽을 향하도록 하여 두 손으로 쥔 다음 인사를 한다.
- 인사를 한 다음에는 손님에게 등을 보이지 않도록 하고, 뒤로 물러서듯 조용히 나오며, 손님이 보지 않더라도 문 앞에서 다시 한 번 목례를 한다.

4) 손님 배웅

예정도 없이 찾아오는 영업사원 등이 아니라면, 자사를 찾은 고객이 일을 마치고 돌아 갈 때는 배웅을 하도록 한다. 어디까지 배웅을 할 것인가는 상대방의 입장과 업무의 관련성에 따라 달라진다. 너무 차이를 두지 않도록 한다.

고객이 사무실을 나갈 때까지, 또는 엘리베이터 문이 닫힐 때까지 배웅하는 것이 일반적이다. 상대방에 따라서 현관이나 정문, 경우에 따라서는 역까지 배웅하기도 한다.

배웅할 때는 고객이 자리에서 일어난 다음부터 시작한다. 손님보다 먼저 자리에서 일어나는 것은 빨리 가라고 재촉하는 것이므로 예의에 어긋나는 행동이다. 문은 배웅하는 쪽에서 열도록 한다. 헤어질 때는 "감사합니다" 등의 인사말을 정중히 한다.

5) 손님 응대 시 체크포인트

체 크 항 목	예	아니오
내가 회사를 대표하고 있다는 자세로 품위있게 손님을 응대하고 있습니까?		
손님이 해당부서를 찾지 못하고 있거나 머뭇거리고 있을 때 "무엇을 도와 드릴까요?"라고 말하고 있습니까?		
손님이 찾고자 하는 직원이 없을 때 친절하게 대해 주고 있습니까?		
손님을 오래 기다리게 할 때 차나 신문, 잡지 등을 갖다드리고 있습니까?		
복잡한 사무실을 찾아가기 힘들 때 손님을 친절하게 안내하고 있습니까?		
손님이 서 있을 때 자신도 함께 일어서서 응대를 하고 있습니까?		
와이셔츠 차림으로 손님을 맞는 일은 없습니까?		
응접세트 주변을 항상 정리정돈 하고 있습니까?		

10. 이메일

최근 비즈니스에 없어서는 안될 이메일(E-mail)은, 상대방의 컴퓨터 환경을 배려하며 활용하도록 해야 한다.

1) 제목

이메일을 보낼 때는 반드시 제목을 붙이도록 한다. '알림', '연락사항' 등 일반적인 것으로부터 문서의 내용을 한눈에 알 수 있는 제목이 바람직하다.

2) 본문 쓰기

본문은 가능하면 간단하게 정리한다. 문장이나 내용이 달라지는 곳에서는 줄을 바꾸는 등 읽기 쉽게 쓰도록 한다.

편지와 같은 서두 인사말은 쓰지 않아도 되지만, 간단한 인사말을 쓰고 나서 본문에 들어가도록 한다. 문체 등은 편지에 비해 편하게 써도 무방하다.

3) 서명

이메일 끝에는 반드시 서명을 붙인다. 회사명 · 부서명 · 전화번호 등을 자동으로 설정해두면 편리하다.

4) 상대방의 PC환경 배려

문서를 받는 상대방이 어느 정도의 빈도로 이메일을 확인하는지, 어느 정도의 데이터 크기까지 받을 수 있는지 확인한다. 왜냐하면 이메일 송수신의 컴퓨터 환경은 사용하는 사람에 따라 다르기 때문이다.

명함에 이메일 주소가 있어도 "이메일로 연락을 드려도 괜찮겠습니까?"하고 확인하여 둔다. 또한, 무턱대고 파일을 첨부하는 일은 피하도록 한다. 특히 사이즈가 큰 파일을 첨부할 때는 사전에 연락을 취하도록 한다. 첨부할 파일의 데이터 형식도 확인을 하도록 한다.

5) 회신하기

이메일의 답변은 가능한 한 빨리 한다. 결론이 금방 나오지 않더라도 그에 대한 뜻을 전달하는 답변을 해둔다. 이메일 프로그램에서 '회신'을 선택하면 자동으로 타이틀이 정해져 상대방의 이메일 본문이 남게 된다. 그렇다고 해서 본문을 있는 그대로 남겨둔 채로 회신하는 것은 피해야 한다. 상대방 이메일의 내용 중 필요한 부분만을 남기고, 나머지는 삭제한 다음 회신을 쓰도록 한다. 제목도 내용을 알기 쉽게 바꿔 쓰도록 한다.

6) 참조인에게 보내기

같은 내용의 이메일을 다수의 사람에게 보낼 때는 전체회신 기능을 이용한다. 수신자 전원에게 이름을 남기는 'CC' 기능과 전혀 알리지 않는 'BCC' 기능이 있다. 경우에 따라서 적절히 사용하도록 한다.

7) 바이러스 대책

이메일을 열기만 해도 감염되는 컴퓨터 바이러스(computer virus)와 바이러스 대책 소프트를 이용하고, 잘 모르는 첨부파일은 열지 않는 것이 중요하다. 만일, 자신의 컴퓨터가 바이러스에 오염된 것을 알고 있다면, 즉시 다른 관계자에게 연락을 하고 적절한 조치를 할 때까지 인터넷과 이메일의 사용을 중지한다.

11. 접대를 받을 때

접대(reception)는 회사의 대표로서 참가한 자리다. 거만하게 굴지 말고 예의바르고 겸손하게 행동한다.

1) 접대 이야기가 있을 때

접대의 의뢰가 있었을 때 먼저 상사와 상의를 한다. 접대는 향후 회사와의 교제나 거래에 많은 연관성을 갖기 때문이다.

거절할 때는 "안타깝지만, 일이 너무 많이 밀려 있어서…" 등의 업무핑계를 대면 무난하다.

거래의 예정이 없는 상대로부터 의뢰가 있을 경우라도 정중히 거절한다. 어떠한 경우라도 답변은 가능한 한 빨리 해준다.

2) 준수사항

먼저 약속시간에 늦지 않도록 한다. 그렇다고 해서 너무 빨리 가는 것도 곤란하다. 가급적이면 정시에 가도록 한다.

접대를 받는 입장이라고 해서 도도한 태도를 취하거나 무리한 요구를 하는 것은 매너에 위반된다. 가급적이면 겸손하게 행동해야 한다.

술자리에서는 컨디션에 따라 무리하지 않고, 과음하지 않도록 주의한다. 특히 불필요하게 자사의 내부정보 등을 말하지 않도록 한다.

3) 확실하게 사례의 말을 전한다

돌아갈 때는 "오늘은 정말 잘 먹었습니다"하고 인사를 한다. 그리고 다음 날 전화로 인사를 하는 것을 잊지 말아야 한다.

12. 해외고객을 맞이할 때

해외고객을 맞이할 때는 우리 식으로 손님을 맞이하면 되지만, 사전에 종교나 문화의 차이를 익혀두도록 한다.

1) 문화의 차이와 매너

국가와 종교가 다르면 매너도 다르기 마련이다. 그 나라의 습관이나 종교, 문화상의 금기사항에 대하여 조사를 한 후 맞이할 계획을 세워야 한다. 하지만 우리나라에서 맞이하는 것이기 때문에 우리 식으로 하여도 무난하다.

특히 식사 중에 담배는 피우지 않도록 한다. 또한 입안에 음식물을 한 입 물고 있는 상태로 이야기하지 않는다. 또한 식사 중에는 큰 소리를 내거나 상대방의 기분을 상하지 않도록 기본적인 매너를 잘 지키도록 한다.

2) 레이디 퍼스트

우리에게는 익숙해지기 쉽지 않은 습관의 한 가지인 레이디 퍼스트(lady first)는 서양에서는 기본적인 매너다. 출입구에서는 여성을 우선으로 한다. 여성이 자리에 앉을 때는 의자를 빼주고 잡아주는 등의 기본적인 매너만이라도 지키도록 한다. 단, 비즈니스의 경우에는 여성이 불쾌감을 느끼지 않도록 임기응변으로 재치있게 대처한다.

3) 악수

악수는 윗사람이 먼저 손을 내미는 것이 매너다. 상대방이 여성인 경우에는 남성이 윗사람일지라도 여성이 먼저 손을 내밀도록 한다.

소개를 할 때는 아랫사람을 윗사람에게 먼저 소개하고, 여성은 지위 여하를 묻지 않고 제일 나중에 소개하도록 한다.

IMAGE MAKING 직장에서 지켜야 할 매너

- 표정을 잘 관리한다.
- 부름에 신속히 반응한다.
- 외모를 단정히 한다.
- 먹기 전에 권한다.
- 퇴근할 때 인사한다.

13. 사라져 가는 직장 내 예의범절

통신기술의 발달로 '일터의 예'가 사라져 가는 데 대한 우려가 커지고 있다. 직장의 예의 실종은 결국 생산성 저하로 이어진다는 게 전문가들의 지적이다. 최근 휴대폰 이메일 메신저 등 첨단통신수단을 이용한 업무가 늘어 직장에서 공손함이 사라지고 있다.

전문가들은 "인사를 받지 않는 무뚝뚝한 동료, 험한 말을 쏟아내는 상사는 무례한 직원의 능력 발휘를 기대할 수 없다"고 강조했다. 개인 통신수단의 일반화와 이로 인한 업무량 폭증은 사회 전반에 이기주의를 불러왔고, 이 같은 분위기가 일터까지 스며들고 있다.

오늘 날 사람들은 휴대전화를 하거나 MP3를 들으며 남의 존재를 무시하는 듯한 표정으로 서로 스쳐가고 있고, 직장에서 서로에 대한 배려가 줄고 있는 것은 이 같은 개인주의가 그대로 반영된 결과라 할 수 있다.

직장 내 무례를 막는 데는 리더의 역할이 중요하다. 경영자들은 무례가 회사에 끼칠 해악을 인식해야 하고, 누군가 동료에게 버릇없게 구는 것을 알면 반드시 조치를 취해야 한다. 따라서 직장에서는 예의와 관련한 사규를 만들고, 상급자들로부터 서로를 예의 바르게 대하고, 채용 때 인간성을 검증하고, 퇴직자들의 말에 귀를 기울어야 할 것이다.

14. 퇴사 요령

평생직장에 대한 개념이 무너지면서 이직이 일반화 되고 있다. 감정적으로 '욱'하는 마음에 퇴사를 결정하는 것은 금물이다. 목표 없이 퇴사하는 것은 경력관리에 문제가 되며, 옮기는 회사에서 전 직장에 평판조회를 할 경우, 가고자 하는 회사의 최종 통지서가 불합격 통지서로 바뀔 수 있다. 퇴사 시 지켜야 할 요령은 다음과 같다.

1) 희망 퇴사 일을 기준으로 최소 2~3주 전에 퇴직 의사를 밝혀야 한다

갑작스런 퇴사 통보는 업무의 공백을 가져올 수밖에 없다. 업무 인계인수는 깔끔히 마무리해야, 전 직장 동료들과 마찰이 생기지 않는다.

2) 직장 상사와 퇴사로 인해 문제가 불거지더라도 절대 싸워서는 안 된다

흥분하거나 감정이 격해서 서로 원수처럼 헤어지는 것은 금물이다. 나중에 누군가 그들에게 나의 레퍼런스(평판조회)를 요청할 경우, 좋은 말이 나올 수 없기 때문이다.

3) 전 직장 동료들과 관계가 유지 될 수 있도록 행동한다

우리 사회의 인간관계는 두세 명만 건너면 다 아는 사이이다. 돈독한 사이로 남아있는 전 직장 동료는 나의 자산이다.

4) 확실한 마음의 결정이 있은 후 퇴사 의사를 밝혀야 한다

불만 토로나 투정 정도의 수단으로 내리는 퇴사 결정은 바보 같은 짓이다. 퇴사 의사를 밝혔을 때 경영진이나 상사가 만류하더라도 뿌리 칠 수 있을 만큼의 확실한 이유가 있을 때 퇴사를 단행해야 한다.

5) 좋은 환경, 좋은 회사를 동경하면서 퇴사하는 것은 금물이다

"어디를 가도 지금보단 낫겠지"하는 생각으로 퇴사를 한다면, 잘못된 행보의 시작이다. 이미 만들어 놓은 좋은 회사를 동경하기 보다는 지금 자신이 몸담고 있는 회사를 좋은 회사로 만들어 보겠다는 포부를 가져야 한다.

제13장 선물·사교·경조사 매너

1. 선물
2. 명절 인사
3. 출산
4. 이사
5. 병문안
6. 조사

예의에는 매력도 있고 이익도 있다.

에우리피데스

제13장

선물 · 사교 · 경조사 매너

1. 선물

선물(present)은 마음 속 깊이 느끼고 있는 고마움이나 그리움의 표시로서 보내는 물건이다. 동시에 작고 하찮은 선물이라 해도 남에게 준다는 데에서 보람과 행복감을 느끼게 하는 인간의 공통된 감정이라고 할 수 있다.

평소에 신세를 졌거나, 자신을 이끌어 주었거나, 또는 친하게 사귀어 왔던 사람에게는 고맙다는 뜻으로 위문을 하거나 격려하기 위해서 선물을 하게 된다.

선물은 가능한 한 제품을 만든 회사나 이미 널리 알려진 회사의 로고가 붙은 선물일수록 좋다. 특히 외국인들은 현실적인 선물을 싫어하기 때문에 정성이 담긴 선물이 좋다.

선물은 보낼 만한 이유가 있어야 하며, 동시에 돌아올 것을 기대해서는 안 된다. 고마웠던 사람이나 멀리 떨어져 있는 웃어른에게는 축하와 위로, 그리고 보답의 뜻으로 정성을 모아 보내는 선물이야말로 무엇보다도 귀중한 것이다.

1) 말로서 표현하지 못하는 마음을 선물로 대신한다

경조사에 대한 선물은 말로서는 표현할 수 없는 자신의 마음을 선물에 실어서 상대방에게 전할 수 있다. 축하나 격려의 마음을 100% 전하기 위해서는 다음과 같은 마음가짐이 중요하다.

- 상대방의 경사를 진심으로 축하하는 마음으로 한다.
- 상대방의 슬픔과 불행에 대해 함께 나누어 가지는 마음으로 한다.
- 선물의 목적에 따라서 걸맞은 금액의 선물을 한다.
- 자신의 취향이 아니라 받는 사람이 좋아할 선물을 준비한다.
- 자신의 선물에 대해 상대방의 답례(答禮)는 기대하지 않는다.

2) 시기를 맞추지 못하는 선물은 본래의 의미가 반감된다

선물을 보낼 때는 적절한 시기가 있다. 예를 들면 출산 축하라면, 출산 후 1개월 이내가 좋듯이 선물을 하는 데는 적절한 시기가 있다. 이러한 타이밍을 놓치면 아무리 마음을 담은 선물이라도 받는 사람의 입장에서는 마지못해 주는 듯한 느낌이 들어, 기쁘지 않을 수도 있다.

3) 선물은 목적과 상대방의 취향을 고려해서 준비한다

선물을 할 때는 언제, 누구에게, 무슨 목적이라는 것을 고려해 상대방의 취향과 연령에 어울리는 것을 준비하는 것이 중요하다.

최근에는 현금과 상품권이 통용되고 있어 편리하다. 친분이 두터운 사람이라면 상대방에게 원하는 것을 선물하는 것이 최선이다. 그

것이 어려울 경우에는 문제되지 않는 실용적인 것이 좋다.

4) 꺼리는 사항이 있는지를 고려한다

상대방의 취향에 맞는 것이라고 해서 무엇이든지 좋다고 할 수는 없다. 선물을 하는 데 있어서도 삼가는 것이 있다. 그것을 알지 못하고 선물을 하게 되면 아무 것도 아닌 것이 괜한 오해를 받게 될 수도 있다.

예를 들면 결혼 축하에 칼이나 가위 등은 '자르다', '가르다' 등의 의미가 있으므로 절대로 해서는 안 된다.

5) 배송할 때는 간단한 메모를 첨부한다

백화점 등으로부터 직접 배송(拜送)할 경우에는 별도로 인사를 겸한 메모를 보내는 것이 예의다. 직접 가지고 갈 경우에는 사전에 방문일정을 연락하고 나서 방문한다.

6) 선물을 받으면 보낸 사람에게 알린다

만약 선물을 받았으면 그 날 안에 인사를 보내는 것이 이상적이지만, 바빠서 펜을 잡을 시간이 없을 때는 우선 전화나 팩스 · E-mail로 인사를 하는 것도 좋다.

7) 답례는 경우에 따라서 한다

선물을 받고 나서 감사의 마음을 담은 한 통의 인사는 상대방의 호의에 보답하는 최상의 답례이지만, 선물의 종류에 따라서는 선물로 답례해야 하는 경우도 있다.

8) 선물 매너

남의 집을 방문할 때 값 비싼 선물은 상대방에게 부담을 줄 수 있다. 가급적이면 저렴하고 받는 사람이 좋아할 만한 것을 갖고 가는 것이 좋다. 선물은 전할 때 지켜야 할 매너는 다음과 같다.

- 선물로 받은 것은 되돌려 보내지 않는다.
- 바겐세일 등에서 싸게 산 것을 포장만 잘해서 보내는 것은 실례다.
- 윗사람을 찾아뵙거나 무엇을 부탁하러 갈 때 너무 고가품의 선물을 가져가도 실례가 된다.
- 자기가 선물로 받은 것을 다시 남에게 선물해서는 안 된다.
- 서양 사람들은 받은 선물은 그 자리에서 펴본다.

9) 선물해서는 안 되는 것들

선물을 주고받을 때 상대방이 싫어하는 것이 무엇인지를 알아 둘 필요가 있다. 일반적으로 선물해서는 안 되는 것들은 다음과 같다.

- 출산한 집이나 신경이 예민한 상태인 병자를 위문할 때 물건을 네 개로 가져가지 않는다.
- 호흡기 질환을 가진 환자에게는 꽃을 가져가지 않으며, 다른 환자에게도 흰 꽃만은 가져가서는 안 된다.
- 결혼하는 사람에게 흑색 옷감을 주는 것은 미망인을 연상케 함으로 피해야 한다.

- 이성간에는 내의와 잠옷을 선물하는 것은 오해를 부를 수 있다.
- 깨지기 쉽거나 상하기 쉬운 물건은 선물하지 않는다.

10) 포장

조그마한 선물이라도 포장해서 주는 것하고 그냥 있는 그대로 주는 것에는 차이가 있다.

- 선물을 할 때는 포장하는 것이 좋다. 또한 리본을 곁들여 사용하면 더욱 좋다.
- 조사에는 흑 · 백 · 회색을 사용한다.
- 포장을 할 경우 글이 담긴 카드를 첨부시키면 좋다.

2. 명절 인사

선물은 되도록이면 보내는 사람이 직접 가지고 가는 것이 좋지만, 경우에 따라 인편(人便)이나 우편(郵便) 등으로 보낼 때는 서신이나 명함을 넣는 것이 매너다. 특히 명절선물은 적절한 날짜에 전해지도록 사전에 준비를 철저히 한다.

1) 명절 선물은 2~15일 전에는 전해지도록 한다

오늘날은 신세를 진 분들이나 은인에게 마음을 전하는 형태는 조금씩 바뀌긴 했지만, 명절 선물을 보내는 시기는 예나 지금이나 동일하다. 명절 선물은 2~15일 전에는 전해지도록 준비한다.

2) 물건만 전해지는 것은 실례, 꼭 인사편지를 첨부한다

추석과 설 선물은 받는 사람의 집까지 가지고 가서, 후의(厚意)에 감사하는 인사를 전하는 것이 예의지만, 현재는 택배나 소포배달이 일반적이다.

하지만 이러한 배달의 경우도 인사를 겸한 메모 없이 물건만 보내는 것은 실례이므로 별도로 메모를 꼭 첨부한다.

3) 이유 없는 금품을 전하는 경우 상대방을 당황하게 할 수도 있다

추석이나 설에 이렇다할 이유도 없이 선물을 보내는 것은 의미가 없다. 받는 사람에 따라서는 당황할 수도 있다. 따라서 이유 없는 선물은 삼가는 것이 좋다. 직장의 상사나 거래처의 사람에게는 혼사서 임의로 행동하는 것은 금불이다. 이럴 때는 회사의 관습이나 룰에 따라 행동하는 것이 좋다. 또한 결혼 중매인이나 결혼식 등에 수고를 해준 사람에게는 가능하면 정기적인 감사의 마음을 표한다. 그 밖에 뭔가 배우고 있는 스승에게는 단체로 선물을 한다.

4) 비싼 것만이 상대방을 기쁘게 하는 것은 아니다

선물은 상대방이 받아서 부담이 되지 않도록 하며, 자신의 수입에 맞추어서 하되 무리하지 않도록 한다. 선물을 꺼리는 사람도 있으니 주의해야 하고, 답례는 기대하지 않는 것이 좋다.

5) 명절 선물을 받았을 경우

추석이나 설 등의 명절에는 답례의 선물은 하지 않아도 좋다. 마음으로부터 고맙다고 생각하는 것이야말로 보낸 사람에 대한 최고의

매너다. 그리고 선물을 잘 받았다고 메모나 전화를 통해 연락을 한다. 식료품을 받았을 경우 얼마나 맛있게 먹었는지, 의료품이라면 얼마나 마음에 들었는지 등의 마음을 구체적으로 표현한다.

6) 윗사람으로부터 받았을 경우에는 답례를 하도록 한다

추석이나 설에는 답례를 하지 않아도 좋지만, 윗사람으로부터 선물을 받았을 경우에는 바로 정중한 인사말과 함께 답례품을 준비한다. 원래는 아랫사람이 먼저 보내는 것이 예의지만, 받기만 하고 가만히 있는 것은 좋지 않다.

한동안 교류가 없는 사람에게서 받은 경우에는 윗사람이 아닐 경우라도 답례로서 같은 가격선에서 선물을 보내는 것이 좋다.

7) 받고 싶지 않은 곳으로부터의 선물은 거절해도 좋다

선물에 거부감이 느껴질 때는 소포를 열지 말고 거절의 편지를 첨부하여 돌려보내는 것은 실례가 아니다. 예를 들어 뇌물성의 금품인 경우에는 받을 수 없는 이유를 분명히 하여 돌려보낸다.

3. 출산

직장인으로서 사회생활을 영위하게 되면 여러 가지 모임이 자주 열리게 되어 참석하는 일이 많아진다. 직장에서는 크고 작은 회의와 사우회 · 창립기념회 · 회식모임 등이 있으며, 사회생활에 있어서는 결혼식 · 장례식 · 동창회 등 사회활동이 넓어질수록 여러 모임에 참석하게 된다.

모임은 여러 사람이 어떤 목적을 위하여 한 곳에 모이는 것이다. 따라서 예절을 잃지 않고 공정하고 규율이 있는 태도로 임하지 않으면 뜻있고 보람된 모임을 이룰 수 없다. 또 여러 모임에는 각계 각층의 사람들이 참석하게 되므로 많은 정보도 얻을 수 있고, 사람도 사귈 수 있어 업무에 지장이 없는 범위에서 적극 참석하는 것이 바람직하다.

1) 축하는 산모와 아기가 퇴원 후에 한다

출산 후에는 무엇보다도 산모의 회복이 가장 중요하다. 아기의 출산소식을 들어도 비로 달려가는 것은 피하는 것이 좋다. 출산 축하 시 다음 사항을 유념한다.

- 출산 직후에 병원으로 병문안을 하는 것은 친 · 인척 등 가까운 사람들에게만 한정된다. 친구나 아는 사이의 경우 우선 꽃을 보내는 등 간접적으로 축하를 한다.
- 직접 축하를 하는 것은 퇴원 후 20일~1개월 정도 뒤에 방문을 한다. 이 때에 반드시 사전에 전화를 해서 아기와 산모의 상태가 어떠한지를 확인하고 방문하는 것이 좋다.
- 방문하는 사람의 상태가 좋지 않을 경우에는 방문 일정을 연기한다. 특히 감기 기운이 있을 때는 아기에게 옮길 수 있으므로 피하는 것이 좋다.

2) 개인이 축하할 때는 선물이 좋다

출산 축하는 한 집안의 경사이므로 너무 비싼 것을 선물하는 것은 오히려 받는 사람에게 부담을 줄 수도 있다. 의류 등의 경우에는 조금 커서도 입을 수 있는 것이 좋다.

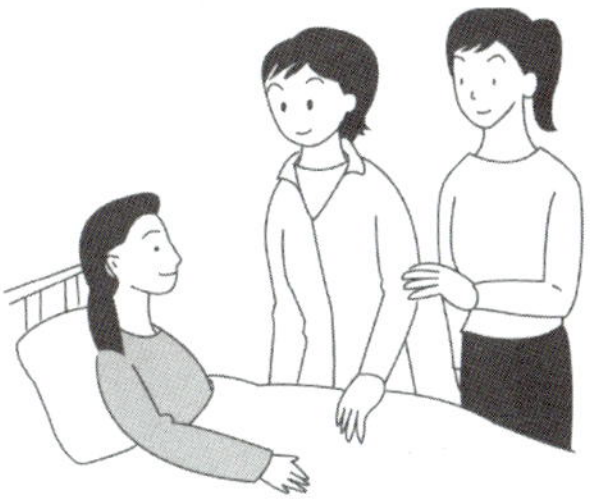

아이를 낳은 엄마의 마음을 위로하는 뜻으로 샴페인과 글라스 세트를 준비하는 것도 좋고, 상대방이 좋아하는 꽃을 보내는 것도 좋은 아이디어다.

3) 단체로 선물할 때는 현금이 좋다

친구나 회사의 동료가 단체로 축하할 경우에는 어느 정도의 현금이 준비될 수 있으므로 "정말 필요한 것을 준비하세요?"하고 현금으로 축하하는 것이 좋다. 출산을 하면 여기저기서 많은 물건이 들어올 수 도 있으므로 맘대로 필요한 것을 구입할 수 있는 현금은 유용하게 쓰일 수 있다.

4) 출산 축하에 대한 답례

부부에게 있어서 아기는 최고의 기쁨일 것이다. 양가부모와 형제자매, 가까운 사이의 사람들에게 빨리 알려서 기쁨을 함께 나눈다. 그 이외의 분들에게는 퇴원 후 안정이 된 후에 계절의 인사를 겸해서 알린다.

출산시 병원의 의사와 간호사에게도 감사의 마음을 잊지 않는다. 그리고 친정에서 산후 조리 등 비교적 장기적으로 보살핌을 받았을 경우에도 현금이나 상품권도 좋으므로 감사의 마음을 꼭 표하도록 한다.

4. 이사

이사(移徙)는 육체적 또는 정신적으로도 매우 피곤한 일이다. 단지 짐을 싸는 것뿐만 아니라 이웃에 대한 인사와 집세 및 서류관계 등 해야 할 일이 너무나 많으므로 계획을 잘 세워 요령 있게 행동해야 한다.

- 전일까지 이웃에 대한 인사를 마친다.
- 이웃 주민에 대하여는 이삿짐 차가 들어옴으로써 불편을 끼친 데 대하여 미리 양해를 구해둔다.
- 쓰레기를 처리하는 데 있어서는 수거일에 맞추어 버릴 수 있도록 관리인이나 가까운 사람에게 부탁한다.
- 수도 · 가스 · 전기 등은 미리 연락을 하고, 요금은 가능하면 정산을 하도록 한다.
- 우편물에 대하여는 관리인 등에게 새로운 연락처를 남겨두어 나중에라도 받을 수 있도록 한다.
- 이사 당일 짐을 다 옮긴 후 방을 깨끗하게 정리하고, 도와주신 분들에게는 음료수라도 접대하도록 한다.
- 떠나기 전에 일부러 오신 이웃들에게 다시 한 번 정중히 인사를 하고 출발하도록 한다.

1) 새로 이사를 가는 이웃에게 대한 인사는 그 날에 하도록 한다

새로 이사를 가는 곳이 마음 따뜻하게 살기 좋은 곳인지 어떤지는 첫날의 인상에 달렸다고 해도 과언이 아니다.

- 새로운 곳에 이사를 하면 먼저 주위의 이웃들에게 인사를 하도록 한다.
- 관리인이 따로 있는 곳이면 나중에라도 신세를 지게 될 일이 많으므로 미리 정중히 인사를 해 둔다.

5. 병문안

병문안은 방문할 시기를 잡는 것이 중요하다. 입원 직후, 고통이 심할 때는 피하는 것이 좋다. 소식을 받았다고 바로 병문안을 가기보다는 우선 가족에게 연락을 해서 상태를 확인한다. 이때 먹지 못하는 음식이 있는지 없는지를 확인한다.

1) 환자의 상태를 확인하고 나서 방문한다

면회 사절의 상황에 있을 때 또는 본인이 면회를 피하고 있을 경우에는 격려의 편지와 위문품을 가족에게 맡기고, 나중에 상태가 호전되었을 때에 다시 방문한다.

회사의 상사나 동료의 경우에는 개인적으로 판단하지 말고 회사의 관례에 따른다. 위문품도 회사의 동료들과 상의해서 결정한다. 입원이 길어질 경우에는 친

한 정도에 따라 개인적으로 병문안을 하여도 상관이 없다.

2) 면회할 때 주의할 사항

자신이 병이 들어 입원했을 때를 생각하면, 병문안시 해서는 안될 일을 자연스럽게 알 수 있다. 환자에 대한 배려야말로 최고의 위로다. 면회할 때 주의할 사항은 다음과 같다.

- 환자의 상태에 관계없이 아이를 동행하지 않는다.
- 여럿이 한꺼번에 밀어닥쳐 소란하게 해서는 안 된다.
- 면회시간은 점심 식사 후, 오후 2~3시 사이가 좋다.
- 오래 있는 것은 실례다. 10~30분 정도가 적절하다.
- 환자를 흥분시키거나 불안하게 하는 화제는 피한다.
- 화려한 복장이나 향이 짙은 향수는 피한다.

3) 심려를 해준 사람들에 대한 감사의 표시를 한다

병이나 상처가 완전히 나았을 때는 건강하게 되었음을 알림과 동시에 심려를 해준 사람들에게 감사의 인사를 한다.

6. 조사

사랑하는 가족을 잃은 사람의 심정은 아무도 이해하지 못한다. 상심한 사람들의 마음을 되돌리기는 매우 힘든 일이다. 따라서 이처럼 마음의 평정을 잃은 사람에게는 그 어느 때보다 더 예의에 어긋나지 않게 신경을 써야 할 것이다.

1) 부의 · 헌화 등의 준비

상을 당한 유가족에게 조의를 표하고 마음을 조금이나마 위로하기 위하여 애도의 뜻을 담아 금일봉이나 물건을 보내는 것을 '부의(賻儀)'라고 한다. 상가에 부의할 때는 단자(單子)를 써서 봉투에 넣어 전한다. 문상을 갈 경우 부의금이나 꽃을 준비한다.

조의의 표시는 물건으로 해도 좋고, 돈으로 해도 좋으나, 모두 깨끗한 흰 종이에 싸서 흰색 겹봉투에 넣어 보내고, 조물(弔物)을 보낼 때는 물품은 따로 싸고 단자만 봉투에 넣는다. 헌화(獻花)를 보낼 때는 리본에 붙이는 이름을 회사명으로만 하는지, 아니면 상사의 이름을 넣는지를 확인한다.

2) 문상 매너

문상은 별세한 사람을 애도하고, 살아생전 고인의 뜻을 추모하는 슬프고도 엄숙한 의식이다. 부고(訃告)를 받으면 가능한 한 빠른 시간에 조문(弔問)하는 것이 도리다. 문상 때 지켜야 할 매너는 다음과 같다.

- 복장은 화려한 색과 요란한 무늬의 옷은 피하고, 검정색이나 감색 등 짙은 계열 또는 흰색의 옷을 입고, 넥타이는 가급적 검정색으로 한다.
- 여성의 경우 화장은 짙게 하지 않고, 액세서리도 하지 않도록 한다.
- 문상시간은 편리한 시간을 택하여도 좋으나, 가급적이면 입관이 끝난 다음에 가는 것이 좋다.
- 상가에 도착하면 코트 등은 벗어들고 들어간다.
- 문상시에는 슬픈 마음을 억누르면서 먼저 고인의 영좌(靈座)를 모신 앞에 꿇어 앉아 분향한다.
- 분향 후 일어서서 큰절을 하거나 또는 기도 · 묵념을 올리고 나서 상제에게 절을 하고 슬픈 마음을 위로하여 준다.
- 분향 시 향은 입으로 불어서 끄지 않고 왼손으로 가볍게 흔들어 끈다.
- 고인의 영정에 절을 할 때 남성은 2번, 여성은 4번 절한다.
- 고인의 사망 원인이나 경위 등을 유족에게 상세하게 묻는 것은 실례가 된다.
- 상제와 잠시 애도의 이야기를 나누다가 일어서서 목례를 한 다음, 조객록(弔客錄)에 이름을 쓴다.
- 영결식은 가문에 따라 절차가 다르므로 경건한 마음으로 함께 참석한다.
- 문상은 밤에 가서 유족을 위로하고 문상객들과 더불어 밤을 세

우는 것도 괜찮다.

3) 조문 인사방법

(1) 남성의 앉은 절

- 오른손이 위로 가도록 두 손을 맞잡는다(평상시에는 왼손이 위로 가도록 맞잡음).
- 맞잡은 손을 가슴높이까지 올린다(큰절의 경우 맞잡은 손을 눈높이까지 올림).
- 맞잡은 손으로 땅을 짚고 꿇어앉는다.
- 이마를 손등에 대고 몸을 숙여 절한다.
- 오른쪽 무릎을 먼저 세우면서 일어난다.
- 맞잡은 손을 가슴 높이까지 올렸다가 내리고 약간 물러나면서 목례를 한다.
- 영전에서는 그대로 앉지 않고 물러난다.
- 상주와 절을 마치고 서로 무릎을 꿇은 상태에서 인사말을 나눈다.

(2) 남성의 선 절

- 자세를 바로 하고 선다.
- 두 손을 양 옆에 둔 채 몸을 30도 정도 굽힌다(큰 경례의 경우는 45도).
- 자세를 바로 하고 목례를 하면서 뒤로 물러난다.

(3) 여성의 큰절

- 왼손이 위로 가도록 두 손을 맞잡고 선다.

- 맞잡은 손을 눈높이까지 올린다.
- 무릎을 꿇고 앉는다.
- 몸을 깊이 숙여 절한다.
- 평상시에는 다시 앉아야 하지만 영전에서는 그대로 물러난다.

(4) 여성의 평절

- 공손한 자세에서 두 손을 자연스럽게 양옆에 둔다.
- 무릎을 꿇고 앉는다.
- 허리를 20도 정도 굽히고 양손을 앞으로 향하여 바닥을 짚는다.
- 자세를 바로하고 일어난 다음 목례하면서 뒤로 물러난다.
- 앉은 상태에서 인사말을 나눈다.

(5) 여성의 선 절

- 왼손이 위로 향하도록 공수하고 선다(평상시는 오른손이 위).
- 양손을 앞으로 모으며 허리를 30도 정도 숙여 절을 한다.
- 허리를 펴고 자세를 바로 한 다음 목례를 하고 물러난다.

4) 올바른 인사말

슬픈 일을 당했을 때 서로 찾아보고 위로하는 것은 좋은 일이지만, 흉사일수록 상대방의 마음을 상하지 않도록 배려하는 마음가짐이 필요하다. 문상시 올바른 인사말은 다음과 같다.

- 상제가 부모인 경우
- 얼마나 망극하십니까?

- 상사에 무어라 드릴 말씀이 없습니다.
- 상제의 어른인 경우
- 얼마나 애통하십니까?
- 얼마나 마음이 아프십니까?
- 상제의 형제인 경우
- 백씨 상을 당하여 얼마나 비참하십니까?
- 상제의 남편인 경우
- 위로할 말씀이 없습니다.
- 상제의 아내인 경우
- 위로할 말씀이 없습니다.
- 얼마나 상심이 되십니까?
- 자식이 죽었을 때 그 부모에게 말할 경우
- 얼마나 상심하십니까?
- 참척(慘慽)을 보셔서 얼마나 마음이 아프십니까?
- 타 조문할 때 덧붙여 할 수 있는 인사말
- 호상입니다.
- 천수를 다하셨습니다.
- 춘추는 얼마나 되셨습니까?
- 장지는 어디로 정하셨습니까?

제14장 국외여행 매너

1. 여행준비
2. 출국수속
3. 기내 매너
4. 입국수속
5. 지상 교통편을 이용할 때
6. 호텔 매너
7. 국외여행시 주의사항
8. 바람직한 여행 매너
9. 귀국안내

열이 초를 녹이듯 예의바름은 상대방을 부드럽게 만든다.

A. 쇼펜하워

제14장

국외여행 매너

1. 여행준비

국외여행에 필요한 서류는 여권 · 비자 · 항공권 등이다. 여권(passport)은 정부에서 발행하는 신분증명서로 여행 중에 항상 휴대하지 않으면 안 된다. 여권의 종류는 일반여권 · 관용여권 · 외교관여권 세 가지가 있다.

여권(passport)은 국제범죄와 테러를 방지하고 국민의 국외여행의 편의를 제공하기 위하여 보안성이 강화된 전자여권제도가 도입되었다. 우리나라도 2008년 11월 24일부터 신청하는 여권은 모두 전자여권으로 발급되고 있다.

전자여권이란 여권에 전자칩을 내장하여 성명, 국적, 생년월일 등 개인정보와 사진을 전적으로 수록한 것으로 기계판독식 여권이다. 따라서 국외여행 시 번거롭게 여겨졌던 출국심사 과정도 전자여권 판독기와 지문인식만으로 간단하게 통과할 수 있게 되었다. 그리고 미국 비자면제 프로그램(U.S.VWP)를 이용하는 여행자들은 반드시 전자여권을 소지하여야 한다.

비자(visa)는 입국허가증으로 방문국가의 재외공관에서 여행자의 입국허가를 확인하는 것이다. 우리나라는 2008년 11월 17일부터 미국 비자면제 프로그램(VWP) 가입 국가로 국민들은 전자여권을 소지한(미국을 최대 90일 관광, 상용 또는 경유의 목적) 자에 한해 무비자로 방문할 수 있다.

단, 미국 입국 전 전자여행 허가제(Electronic System for Travel Authorization)를 통해 미국 입국허가를 받아야 하며, 승인 결과를 출국 시에 제출해야 한다. 그 외 우리나라와 상호 비자면제 협정을 맺은 국가는 일본(90일), 대만(30일), 캐나다(6개월) 등 전 세계 약 145여 개국과 체결하고 있다.

항공권(air ticket)은 여행사와 협의해 일정에 따라 알맞은 항공편을 예약해 두는 것이 좋다. 특히 항공권은 구입조건에 따라 배서(endorsement)가 안 되는 것도 있으니, 발권시 여행사나 항공사 직원과 상의하는 것이 좋다. 그밖에 국외여행을 하는데 필요한 것은 국제학생증(ID card) · 국제운전면허증 · 보험가입증명서 · 개인휴대품 등이 필요하다.

2. 출국수속

공항에는 적어도 항공기 출발시간 2시간 전에는 도착하는 것이 좋다.

1) 탑승수속

공항 도착 후 단체여행인 경우에는 약속 장소에 나가 소속여행사의 해외여행 인솔자(tour conductor)나 직원을 만나 출국수속에 대한 도움을 받으면 되지만, 개인여행인 경우에는 곧바로 이용하는 항공사의 데스크(3층 : 인천국제공항 기준)를 찾아 여권과 항공권을 제시하고, 수하물을 탁송한다(단, 여행용 소형가방이나 귀중품 · 카메라 등은 휴대한다). 그리고 탑승수속이 끝나면 항공사 직원으로부터 탑승권(boarding pass)과 화물인환증(claim tag)을 받아 출국장으로 간다.

2) 출국수속

탑승수속이 끝나면 개인에 따라 병역신고나 세관신고를 마치고 출국장으로 가서 출국수속을 한다. 출국수속 절차는 다음과 같다.

- 보안검사 및 세관검사 : 먼저 보안검사를 마치고 휴대품에 대한 검사를 받는다. 특히 값비싼 모피류나 귀금속 · 고급시계 등은 신고해 두어야 귀국할 때 세금을 면제받는다.
- 출국심사 : 세관검사가 끝나면 출국심사 카운터에 가서 순서를 기다린 다음 심사관에게 여권 · 탑승권을 제출하면 최종 심사 후 여권에 출국 스탬프를 찍어 준다.
- 탑승 : 출국심사가 끝나면 탑승권에 적힌 탑승구(gate) 번호를 확인한 다음 안내방송과 전광판의 안내에 따라 탑승하면 된다.

출국절차(Exit Procedures)

탑승수속(Boarding Procedures) → 출국일반대합실(Departure Waiting Area) → 보안검색(Security Check) → 휴대품 검사(Carry-On Check) → 출국심사(Emigration Check)

3. 기내 매너

항공기는 다른 교통수단에 비해 빠르고 안전한 편이다. 그래서 현대인들의 항공기 이용은 날로 급증하고 있다. 그러나 장시간을 밀폐된 공간에서 많은 사람들과 함께 있어야 하기 때문에 탑승객이 지키고 주의해야 할 점이 다른 교통편에 비해 많은 편이다. 기내에서 지켜야 할 매너는 다음과 같다.

- 기내에 들어가면 탑승권에 기재된 좌석을 찾아 앉는다. 좌석 찾기가 어려울 때는 승무원에게 부탁하여 안내를 받는다. 좌석은 창측(window seat)과 통로측(aisle seat)이 구분되어 있으므로 확인하고 앉는다.
- 좌석에 앉으면 안전벨트(safety belt)를 매야 한다. 안전벨트는 완전히 이륙하여 벨트를 풀어도 좋다는 사인이 있을 때까지 매고 있어야 한다.
- 기내에서 슬리퍼를 신는 것은 괜찮지만, 맨발로 통로를 다니는 것은 금물이다.
- 기내에서 옷을 바꿔 입을 때는 반드시 화장실을 이용한다.
- 승무원을 부를 때는 승무원 호출 버튼(call button)을 누르거나 통로를 지날 때 가볍게 손짓을 한다.
- 창측이나 중간좌석에 앉은 사람은 드나들 때 옆 사람에게 폐를 끼치게 되므로 꼭 필요한 일 외에는 자리를 뜨지 않도록 한다.
- 식사 시에는 좌석의 등받이를 세우고, 식사용 간이테이블을 편다.
- 승무원으로부터 서비스를 받았을 때는 "Thank You"하고 고맙다

는 표시를 한다.

- 화장실에 들어가면 반드시 문을 잠가야 한다. 그래야 화장실 밖에 '사용 중(occupied)'이라는 표시가 나타난다. 만약 문을 잠그지 않은 경우 '비어있음(vacant)'이라는 표시가 되어 다른 사람이 문을 열게 되므로 주의해야 한다.
- 항공기 여행은 장시간을 좁은 의자에 앉아 있어야 하기 때문에 발이 붓고 피로하기 쉬우므로 복장과 신발 등은 편안한 것으로 하고, 또한 기내 체조로 몸을 움직여 주는 등 건강관리에도 각별히 신경을 써야 한다.
- 항공기의 이륙과 착륙시에는 흡연석에서도 절대로 담배를 피울 수 없다. 그러나 이륙 후에도 금연을 실시하는 항공사가 점차 늘고 있다.
- 기내의 온도는 매우 건조하다. 피부의 탄력을 위해서는 스킨과 로션을 충분히 바르는 것이 좋고, 그밖에 청량음료를 자주 마시면 피부의 탄력을 유지하는데 도움이 된다.

IMAGE MAKING

기내 휴대폰 사용 및 흡연시 벌금 최고 100만원

항공기 안에서 휴대전화를 사용하거나 담배를 피우는 등 불법행위를 하면 최고 100만원의 벌금을 물게 된다. 건설교통부는 탑승객에게 안전협조의무를 부과하기 위해 연초 개정한 항공기운항안전법의 세부규정을 최근 제정, 시행하기로 했다.

개정 법령은 폭언, 고성방가 등 소란행위, 흡연, 술주정, 스튜어디스 등 여성에 대한 성희롱, 휴대전화, 노트북컴퓨터 등 전자기기의 사용을 금지했으며, 어기면 100만원 이하의 벌금이 부과된다.

전자제품 가운데 휴대전화, 무선 모뎀 및 휴대전화 기능이 장착된 PDA, 라디오, 휴대용 TV 등은 항공기를 타기 전부터 내릴 때까지 사용이 완전 금지된다. CD 및 MP3플레이어, 전자카메라, 전기면도기, 노트북컴퓨터 등은 항공기의 지상이동을 포함한 이·착륙시에 사용할 수 없다. 단, 인공심장박동기, 생명보조장치, 보청기 등은 무관하다.

4. 입국수속

기내에서 작성한 입국카드와 세관신고서 · 여권 등 입국심사에 필요한 서류를 준비한다.

1) 입국심사

공항에 도착해서 'Arrival'이나 'Immigration' 표시를 따라 걸어가면 입국심사 카운터가 나온다.

카운터는 일반적으로 자국민과 외국인으로 구분되어 있으므로 먼저 외국인(foreign) 카운터로 가서 심사관에게 여권과 입국 카드를 제시하여 여권에 상륙허가(체류기간 명시)를 받는다. 입국심사를 할 때는 심사관이 여행목적 · 체재일수 · 거주지(호텔명) 등을 묻는 경우도 있다.

2) 세관검사

입국수속이 끝나면 탑승기의 플라이트 번호(Flight No.)가 표시되어 있는 baggage claim area로 가서 해당 컨베이어(conveyer)에서 자기 짐을 찾아 세관검사대에서 검사를 받는다. 이곳에서도 여권과 세관신고카드를 제시해야 한다.

입국절차

입국심사(Immigration Check) ➡ 보안검색(Security Check) ➡

수하물 회수(Baggage Retrieval) ➡ 세관검사(Customs Clearance) ➡

입국일반대합실(Arrival Waiting Area)

5. 지상 교통편을 이용할 때

여행에서 얻는 이익은 스스로가 그 여행의 계획을 얼마나 잘 세우고, 소정의 성과를 얻으려고 노력하며, 타인에 대한 배려를 하는가에 달려 있다.

따라서 여행을 할 때는 매너를 잘 알고 몸에 익혀서 다른 사람을 배려하는 마음가짐과 몸가짐을 갖도록 해야 할 것이다.

1) 버스 여행

여행 중 가장 일반적으로 이용하는 교통수단은 버스다. 단체로 버스를 이용할 경우 차내에서 춤을 추거나 큰 소리로 노래를 부르는 것은 안전운행에 지장을 주게 되므로 삼가야 한다.

버스에 오를 때는 윗사람이나 노약자, 여성이 먼저 타지만, 내릴 때는 나중에 내린다.

좌석을 뒤로 눕힐 때는 뒷사람에게 뒤로 눕힌다는 사실을 알리고 양해를 구한다. 또한 버스 안은 환기가 어려움으로 특히 냄새나는 음식은 먹지 않는다.

2) 기차 여행

기차에서 식당을 이용할 경우에는 옷차림을 단정히 하고, 모자나 코트 등은 벗는다. 특히 침대차를 이용할 때 옷을 갈아입는 일은 자기의 침대 칸에서만 하고, 잠옷 차림으로 다니는 일은 삼가야 한다. 그리고 남들이 취침하고 있는 중에는 방해가 되지 않도록 한다.

3) 유람선 여행

규모가 큰 유람선은 호텔과 같으므로 식당이나 로비 · 오락실 · 갑판으로 갈 때는 호텔에서와 같이 정장을 하고 구두를 신어야 한다. 작은 배의 경우 뛰어다니거나 몰려다니면 기울어져 전복의 위험이 있으므로 반드시 정해져 있는 안전수칙을 잘 지켜야 한다.

특히 배를 이용한 여행은 여러 날 걸리는 경우가 많기 때문에 소지품과 건강관리에 유의하고, 대인관계도 원만하게 하여 즐거운 여행이 되도록 한다.

6. 호텔 매너

생활수준의 향상과 여가의 증대, 그리고 교통수단의 발달로 우리는 보다 넓은 환경에서 많은 사람들과 공유하면서 살아가고 있다.

여행은 평소의 생활 중에서 얻지 못했던 자신의 존재와 역할에 대한 인식을 새로이 할 수 있는 기회가 되며, 또한 자기 생활주변에서는 체험하지 못했던 것을 타국에서의 경험을 통해 보다 폭넓은 인간관계를 할 수 있는 계기가 될 수 있다.

특히 국제적 비즈니스에 있어 호텔 이용 매너는 매우 중요하다. 호텔에서 지켜야 할 매너는 다음과 같다.

1) 호텔예약

여행 또는 출장시에는 일반적으로 호텔을 이용하게 되는데, 먼저 호텔을 이용하려면 사전에 객실을 예약하는 것은 기본상식이다. 호텔예약시에는 성명 · 객실타입 · 체재일수 · 도착일시 · 비행기편 · 연락처 · 지급방법 등에 대해 정확히 알려준다.

2) 호텔 체크인

호텔에 도착하면 프런트 데스크(front desk)로 가서 체크인 수속을 한다. 먼저 예약자의 성함을 밝히고 예약을 확인한 다음, 직원으로부터 등록카드(registration card)를 건네받아 카드에 인적사항을 작성한다. 체크인할 때 주의할 사항은 다음과 같다.

- 요금, 전용욕실 유무, 조용한가 어떤가 등 여러 가지 점을 프런트에서 체크인할 때 확인한다.
- 체재일정을 연장하거나 예정보다 빨리 떠나고자 할 때는 미리 알려준다.
- 귀중품은 반드시 프런트 데스크 또는 객실의 안전금고(safety box)에 보관시킨다.
- 아침 일찍 일어나고자 할 경우에는 모닝 콜(morning call)을 부탁한다.
- 호텔 체크인할 때 객실번호를 기록해 잊지 않도록 하고, 길을 잃어버리는 경우를 대비해 호텔 명함이나 카드를 소지한다.
- 호텔에서 샤워를 할 때는 반드시 샤워커튼을 쳐 물이 밖으로 새지 않도록 한다. 객실 바닥 카펫이 젖으면 배상해야 한다.
- 호텔에서 개인적으로 외출할 때나 일정 진행 중 대열에서 이탈할 때는

가이드나 옆 사람에게 목적지를 알린다.

3) 호텔 이용요령

호텔에 투숙하게 되면 호텔 이용안내를 잘 읽어보고 활용하도록 한다. 특히 호텔은 여러 사람이 사용하는 곳이므로 항상 예의를 지키도록 한다. 호텔 이용요령은 다음과 같다.

- 객실 위치 및 엘리베이터 이용
- 호텔건물이 신관과 구관으로 구분되어 있는 경우, 또는 리조트 지역 호텔의 경우 건물구조가 평면으로 되어 있어 찾는 데 어려움이 있을 수 있으므로 각별히 주의를 해야 한다.
- 또한 엘리베이터를 이용할 때는 lady first를 지켜야 한다.
- 객실열쇠 사용법
- 호텔에서 사용하는 열쇠의 종류도 다양할 뿐만 아니라 사용방법에도 차이가 있으니 주의해야 한다.
- 카드열쇠(플라스틱 또는 종이)는 객실번호가 표기되어 있지 않으므로 각자가 객실번호를 숙지해야 한다.
- 방문은 자동잠금장치가 되어 있으므로 외출시 열쇠를 꼭 휴대하여야 한다.
- 외출시 열쇠는 프런트에 맡긴다.
- 객실시설 이용
- 유료 방송이나 TV이용 · 냉장고 이용

- 전화 이용 · 룸서비스 이용
- 욕조 및 세면대 이용 · 자동제빙기 이용
- 귀중품 보관함 이용 등

IMAGE MAKING 호텔에서 지켜야 할 매너

- 여성 우선원칙(lady first)을 준수한다.
- 공공장소에서 큰 소리로 말하지 않는다.
- 호텔의 종업원에게 함부로 대하지 않는다.
- 식사시 주류나 음식물을 반입하지 않는다.
- 객실 내에서 취사는 금지한다.
- 객실 문을 열어 놓고 밤늦게까지 술을 마시거나 도박을 하는 행위는 삼간다.
- 호텔 복도에서 담배를 피우지 않는다.
- 호텔 복도에서 노출이 심한 상태로 다니거나 또는 맨발로 다니는 것은 금물이다.
- 침대에서는 금연이다.
- 객실 비품을 가방에 넣고 나와서는 안 된다.
- 호텔 체크아웃 때 객실 열쇠는 반납한다.
- 개인지급비용(룸서비스 · 세탁 · 전화통화료 · 미니바 사용 등)은 반드시 지급한다.
- 매일 아침 객실을 나설 때는 침대의 베개 위에 1달러 정도의 팁(tip)을 올려놓는다.

4) 호텔 조식

여행 중에 조식은 거의 호텔에서 하게 된다. 일반적으로 호텔의 아침식사는 콘티넨탈식과 아메리칸식 등이 있다.

- 콘티넨탈식(Continental Breakfast) : 콘티넨탈식은 영국을 제외한 유럽식 아침식사를 말한다. 주로 빵과 음료만으로 이루어진 간단한 식사로서 커피 혹은 우유나 홍차 · 주스, 그리고 초승달 모양의 크루아상 · 브리오슈 등의 롤빵류에 버터나 잼 · 요구르트

등이 나온다. 콘티넨탈식은 메뉴가 간단해 부족하다 싶으면 감자요리나 달걀·소시지 등의 일품요리를 추가로 주문해도 된다.

- 아메리칸식(American Breakfast) : 아메리칸식은 미국에서 비롯된 아침식사로 음식의 가짓수가 제법 많은 편이다. 주로 주스류·시리얼·롤빵 혹은 토스트에 버터나 잼·달걀요리·햄·베이컨 등이 나온다.

IMAGE MAKING 달걀요리의 종류

- sunny side up-fried egg : 노른자가 노랗게 올라오는 달걀 프라이
- over easy : 양쪽을 다 익힌 달걀 프라이
- boiled egg : 삶은 달걀 요리
- scrambled egg : 우유를 넣어 부드럽게 저어가며 익힌 요리
- omelet egg : 우유, 버섯 햄 등을 넣어 저어가며 익혀 둥글게 말은 요리

7. 국외여행시 주의사항

여행 중에 현금 및 귀중품은 일단 분실·도난 사고를 당하고 난 뒤에는 그것을 경찰에 신고하더라도 보람있는 결과가 거의 없는 것이 보통이기 때문에, 무엇보다도 사전에 예방책을 강구하는 것이 오히려 상책이라고 본다. 국외여행시 주의사항은 다음과 같다.

1) 정보

- 여행지역의 정치·치안·테러 등 한국인의 과거 피해사례에 대한 충분한 정보를 수집하게 되면 해외여행을 안전하게 하는데 도움이 된다.

- 남북한 분단이라는 특수상황을 고려해서 북한과 연계된 테러 및 범죄조직이 활동하고 있는지 잘 살펴보아야 한다.
- 방문국가의 외화신고제도, 사진촬영 금지구역 등 규제법규는 물론 종교 · 풍속 · 관습 · 국민성 · 건강상 유의사항에 이르기까지 충분한 정보를 수집해 두면 안전하고 편리한 해외여행을 즐길 수 있다.

2) 복장

- 노출이 심하거나 눈에 띄는 복장, 단정치 못한 옷차림은 현지 사람들에게 나쁜 인상을 줄 뿐 아니라 여성의 경우 성범죄 유발요인도 되므로 항상 단정한 옷차림을 한다.
- 외국의 고급 레스토랑이나 공연장에는 정장을 해야 하는 곳도 있으므로 정장 한 벌을 준비해 가면 편리하다.
- 일부 이슬람 국가에서는 관광객이라도 여성들은 목과 팔, 다리를 덮는 옷을 입어야 한다.
- 여행 중 대중집회에 참석하거나 집단적인 단체활동에 참가하는 것은 금물이다.
- 일반적으로 일교차의 변화에 대비해 더운 지역에 가더라도 얇은 긴소매 옷을 챙기는 등의 대비가 필요하다.
- 기후에 따라 수영복 · 우산 · 운동화 · 샌들 등을 준비하며, 특별한 관광지에서는 복장을 제한하는 경우가 있으니 미리 확인한다.

3) 환전

- 환전은 반드시 공식적으로 인가된 환전소에서만 하도록 한다. 그렇지 않으면 사기 등 불이익을 당할 수 있다.

- 해외여행시 필요 이상의 현금을 휴대하는 것은 위험한 일이다. 한국인 여행자는 현금을 많이 소지하고 있다는 인식 때문에 각종 범죄의 표적이 되는 경우가 많다. 따라서 필요한 액수만 휴대하는 것이 좋다.

4) 택시

- 태국 · 필리핀 등 동남아시아 일부 국가에서는 승차 전에 미리 요금을 흥정해야 요금 시비가 일어나지 않는다.
- 여러 대의 빈 택시가 있을 경우에는 반드시 맨 앞의 택시를 타고, 운전기사 옆자리는 신변의 위험이 있으므로 가급적이면 뒷자리에 탄다(유럽 등에서는 뒷자리만 타도록 되어 있음).

5) 쇼핑

- 면세점이나 기내 쇼핑 이용이 가격면에서 유리할 뿐만 아니라 품질도 보증받을 수 있다.
- 가격 정찰제인 가게에서 값을 깎아 달라고 무리하게 요구하는 일은 없도록 한다.
- 과다한 쇼핑을 하게 되면 출입국시 세관통과가 어렵다.
- 백화점에는 물건 하나하나에도 도난방지 전자장치가 부착되어 있어 계산대에서 제거되지 않으면 출구 통과시 벨소리와 함께 적발되어 도둑으로 몰릴 우려가 있다. 따라서 영수증은 반드시 받아서 물건과 함께 소지하고 있어야 한다.

6) 관광

- 사진촬영 금지구역 및 통제구역에서 사진을 찍는 행위는 삼간다.
- 길에서 침을 뱉거나 휴지 · 담배꽁초를 버리지 않도록 하며, 관광지나 거리에서도 방뇨하는 일이 없도록 한다.
- 박물관 · 미술관 등에서는 작품에 손대는 일이 없도록 한다.

7) 도난 · 소매치기

- 남이 보는 앞에서 현금을 세거나 내보이지 않는다. 또한 지갑을 뒷주머니에 넣지 않도록 하고, 핸드백은 열리는 쪽이 자신의 몸 쪽으로 오도록 휴대한다.
- 소매치기범은 여행자의 주의력을 분산시키기 위해 친절하게 말을 걸거나 동전을 떨어뜨리는 등 갖가지 수단으로 접근하면서 단 몇 초 사이에 지갑을 빼내 가기도 한다.
- 소매치기는 세계 모든 국가의 거리 · 역 · 쇼핑센터 · 관광지 등 여러 장소에서 광범위하게 발생되고 있으므로 여권이나 현금 등 귀중품은 여러 곳에 나누어 휴대하는 것이 좋다.
- 호텔 방에 있을 때는 반드시 방범체인을 걸어 놓고, 상대방을 확인한 다음 문을 열어 주어야 한다.
- 여행 중 핸드백 · 카메라 · 소지품 등을 오토바이나 차에 탄 사람들에게 날치기 당하는 사례도 있으므로 각별히 주의를 기울어야 한다.
- 치안이 좋지 않은 지역이나 한적한 뒷골목 등을 혼자서 다니는

것은 매우 위험한 일이다.

- 주로 금품을 노리는 경우가 많다. 만약 금품이 없을 경우 생명을 위협할 수 있으므로 비상금으로 20~30달러 정도는 가지고 다니는 것이 좋다.
- 택시기사 또는 합승 승객이 외딴 곳으로 끌고 가 강도로 돌변, 금품을 강탈하는 사례가 많으므로 밤늦게 택시를 이용할 경우 특히 주의가 요망된다.
- 여행 중에 길을 잃었을 때는 당황하지 말고 주변의 공공기관이나 호텔에 문의하고, 택시를 이용해 안전하게 숙소로 돌아오도록 한다.
- 강도를 만났을 경우 섣불리 반격하려다 크게 봉변을 당할 수 있다. 따라서 범인들의 요구를 먼저 들어주고 위기에서 빨리 벗어나도록 한다.

8. 바람직한 여행 매너

여행이라는 것은 사람들의 교류를 의미하는 것이기 때문에 여행 문제를 다룰 때 우선적으로 인간적인 면을 고려해야 한다. 여행은 다른 산업과 달리 단지 손익계정만으로 문제를 취급하는 것은 참된 인간적인 만남을 불가능하게 만드는 것이다.

1975년 아시아기독교협의회(CCA)는 아시아에 있어서의 여행에 대한 조사연구를 실시하였다. 그 보고서에는 여행자의 윤리규약도 포함되어 있었다. 이 규약은 여러 나라 언어로 번역되고, 여행을 하려는 관광객에게 팜플렛으로 배포되고 있다. CCA가 발표했던 여행자의 윤리규약은 다음과 같다.

- 여행할 때는 겸허한 마음과 참된 열정으로 그 나라 주민들에 관하여 배우려고 노력해야만 한다.
- 주민들의 기분을 주의깊게 신경을 써야 한다. 그래야 당신에게 닥칠지도 모르는 공격적 행동을 방지할 수 있다. 이것은 사진 찍는 경우에 특히 주의해야 한다.
- 단순히 표면적인 것을 보고 듣는 것이 아니라 경청하고 관찰하는 버릇을 기르는 것이 좋다.
- 당신이 방문하는 나라의 사람들은 가끔 당신 자신의 시간개념, 사고유형과는 다른 개념들을 갖고 있음을 알아야 한다. 그렇다고 그들이 열등한 것이 아니라 단지 다를 뿐임을 명심해야 한다.
- '낙원의 해안'을 구하기보다는 다른 눈으로 다른 생활방식을 봄으로써 자신을 보다 풍부하게 한다.
- 지역관습에 익숙해지도록 한다. 그러면 주민들은 기꺼이 당신을 도울 것이다.
- 모든 것을 알고 있다는 식의 서구적 습관을 버리고 질문하는 습관을 길러야 한다.
- 당신은 이 나라를 방문하는 수천명의 방문객들 중 한 사람에 지나지 않음을 기억하고 특별한 특권을 기대하지 말아야 한다.
- '가정을 떠난 또하나의 가정'을 경험하기를 원한다면 여행에서 돈을 낭비하는 것은 어리석은 일이다.
- 물건을 살 때 싸게만 사려고 하는 것은 현지 노동자의 저임금을 초래할 수 있다는 점을 명심해야 한다.

- 당신이 지킬 수 없는 약속을 그곳 사람들에게 함부로 하지 말아야 한다.
- 당신의 이해를 심화시키기 위해서는 매일매일의 경험들에 대하여 반성할 시간을 가져야 한다. 자신을 풍부하게 하는 것이 다른 사람들을 강탈하거나 더럽히는 것일 수도 있다고 생각해야 한다.

IMAGE MAKING

여행시 이것만은 알아두자

유의사항

- 휴대품은 될 수 있으면 간단하게 준비하고, 가방은 견고한 것으로 선택해 영문으로 표기한 이름표를 부착한다.
- 평소 복용하는 약이 있으면 반드시 챙기고, 그밖에 상비약으로 설사약, 소화제, 진통제 등을 미리 준비하면 도움이 된다.
- 출국시 개인이 소지하고 있는 귀중품(캠코더, 카메라 등)은 세관에 꼭 신고해 입국시 세금이 부과되지 않도록 한다.

필수 메모사항

- 여권과 비자번호, 발행일, 발행지, 유효기간
- 신용카드번호, 한국과 현지 발급처, 분실신고 연락처
- 해외여행자보험 계약날짜, 보험증번호

팁

- 외국에서는 팁을 주는 곳이 많아, 잔돈을 준비해 두는 게 좋다. 일반적으로 요금의 10~15%를 지급한다. 호텔 방에서는 청소에 대한 감사의 표시로 아침에 베게 모서리나 침대 위에 약간의 팁을 놓아두도록 한다.

시차 극복법

- 현지시간에 맞춰 잠자리에 든다. 피곤하다고 해서 낮에 졸거나 하면 생리계의 조절은 그만큼 늦춰진다.
- 햇볕이 있는 낮에 활동한다. 실내에 있더라도, 햇살이 주는 신호로 몸은 새로운 변화를 수용하려 한다.
- 현지시간에 맞춰 일찍 일어나고, 가급적 현지식사를 하고 현지 기후나 문화에 맞는 복장으로 활발히 활동한다.

9. 귀국안내

어느 지점에서 72시간 이상 체류할 때는 늦어도 항공기 출발 72시간 전에 항공사에 전화로 예약을 재확인해야 한다.

1) 국제공항 세관검사 안내

- 세관에는 면세검사대와 과세검사대로 구분하여 휴대품이 적거나 성실하게 신고한 여행자는 신속 간편하게 검사를 실시하고, 휴대품이 많거나 불성실하게 신고한 여행자에 대해서는 검사를 철저히 하고 있다.
- 면세검사대에서도 발췌 또는 일반 검사를 실시하며, 불성실신고로 관계법에 의거 처벌을 받는 일이 없도록 유의하여야 한다.
- 과세면세대상자는 항공기 내에서 배부하는 여행자 휴대품 신고서를 정확히 작성하여 세관검사시 제출해야 한다.

2) 검사대 선택방법

- 면세검사대 : 다음 요건에 해당되는 여행자는 면세검사대를 선택하면 된다.
- 휴대품의 총 구입가격이 30만원 이하인 자
- 휴대품 총 중량이 20kg 이하인자
- 3,000달러 미만 외화 소지자
- 총포, 도검, 마약류 등 수입이 금지되거나 제한되는 물품을 소지하지 아니 한다
- 과세검사대 : 위의 요건 중 한 가지라도 해당되지 않거나 검사대 선택에 의문이 있는 여행자는 과세검사대를 선택해야 한다.

제15장 공공장소 매너

1. 승차
2. 음주
3. 흡연
4. 안내
5. 화장실
6. 도서관
7. 전람회장
8. 극장·음악회
9. 병원
10. 은행·관공서
11. 공원·고궁
12. 복도
13. 노상
14. 쇼핑
15. 자전거

의식은 국가에 따라 다르지만, 참다운 예의는 어디나 마찬가지다.

O. 골드스미스

제15장

공공장소 매너

1. 승차

서양에서는 사교장소에서의 매너 못지않게 많은 사람들이 모여 있는 공공장소에서의 매너도 매우 중요하게 여기고 있다. 최근 승용차의 이용이 증가하면서 승용차에 대한 승차예절이 중시되고 있다. 차를 혼자 타고 갈 때는 교통법규만 잘 지키면 되지만, 누군가와 함께 동승해서 갈 때는 매너를 철저히 지켜 실례를 범하는 일이 없도록 해야 한다. 승차시 주의할 사항은 다음과 같다.

- 운전기사가 있을 경우에는 운전기사의 대각선 뒤쪽이 상석이다.
- 운전기사 없이 손수 운전을 할 때는 운전자 옆자리가 상석이다.
- 손수 운전이라 하더라도 운전자와 나이나 직급의 차이가 많을 때는 운전자의 대각선 뒤쪽이 상석이다.

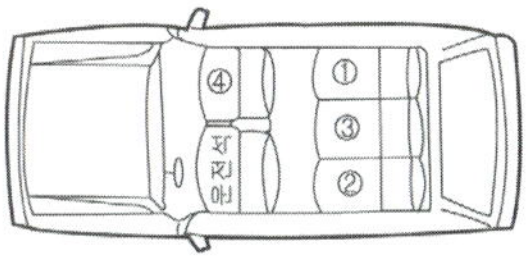

운전기사가 있을 때

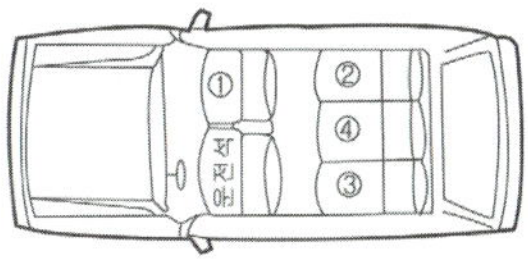

자가운전자의 경우

- 운전자의 부인이나 남편이 같이 탈 때는 운전석 옆에 운전자의 부인이나 남편이 앉는다.
- 여성을 뒷자리의 가운데 앉히지 않는다.
- 차를 탈 때는 윗사람이 먼저 타고 아랫사람이 나중에 탄다. 단, 뒷자리의 가운데에 앉을 때는 아랫사람이 먼저 타게 되는데, 이 때는 "먼저 타겠습니다"하고 인사를 한다.
- 회사 차를 이용할 때 평사원은 운전석 옆에 앉는다.

2. 음주

사회생활을 하다보면 회식을 비롯해 술을 마시는 기회가 많이 있다. 술자리는 인간관계를 더욱 돈독히 하기 위해 갖는 사교의 자리로서 사회생활에서는 빼놓을 수 없는 부분이다. 흔히 퇴근 후의 술자리는 직장인의 특권이라고 말하는 사람도 있고, 그것 또한 업무의 연장이라고 말하는 사람도 있다. 그만큼 퇴근 후의 술자리는 하루 종일 직장에서 쌓인 스트레스를 풀 수 있는 장소인 동시에 조직사회의 냉엄한 질서가 뒤끝으로 남을 수도 있는 복잡 미묘한 특색을 갖고 있다.

그러나 술은 마시면 마실수록 취하여 이성을 잃을 수도 있고, 또한 이성을 잃다보면 실수를 하여 각종 불미스러운 일이 일어나기 쉽다. 따라서 술자리에서는 함부로 처신하지 말고, 올바른 주법으로 끝까지 인격에 손상이 가지 않도록 해야 한다. 일반적인 주법은 다음과 같다.

- 우리나라의 음주매너는 웃어른에게 먼저 잔을 올리는 헌주(獻酒) 문화이다.
- 웃어른에게 술잔을 올릴 때는 바른 자세를 취하고 '제가 한 잔 올리고 싶습니다.'라는 말과 함께 오른손으로 잔을 권한다.
- 주전자의 술을 따를 때는 오른손으로 주전자를 쥐고, 왼손은 주전자의 뚜껑을 누르며 따른다.
- 술을 권할 때 자리가 떨어져 있는 경우는 직접 가서 권한다.
- 어른 앞에서 술을 마실 때는 상체와 고개를 돌린 후 소리가 나지 않게 마신다.
- 술을 권할 때는 상대방의 왼쪽에서 권하는 것이 예의이다.
- 자신이 마신 술잔을 상대방에게 권할 때는 물이나 수건으로 닦은 후 권한다.
- 술을 따를 때는 자세를 바르게 하고, 두 손으로 따른다.
- 술잔이 넘치지 않도록 적당히 따른다.
- 술병과 술잔은 닿지 않도록 한다.
- 나이가 많거나 지위가 높은 사람부터 순서대로 따른다.
- 술은 두 손으로 따르는데, 왼손은 소매 끝을 받쳐 드는 듯이 한다.
- 친구나 허물없는 사이는 한 손으로 따라도 무난하다. 단, 오른손을 사용한다.
- 동년배라 하더라도 경어를 사용하는 사이면 두 손으로 주고, 두 손으로 받는다.
- 상대방이 술을 권하면 가급적 마시는 것이 예의다.

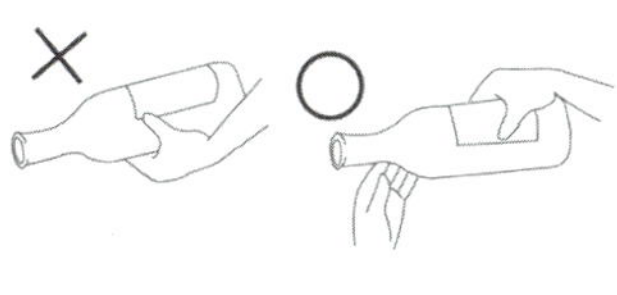

- 술은 너무 무리하게 권하지 않는

것이 예의다.

- 술자리에서는 남을 헐뜯거나 흉보는 일, 불평과 불만 등은 화제에 올리지 않도록 한다.
- 흥분하여 큰소리를 지르거나 자세를 함부로 하여 주위에 피해가 가지 않도록 한다.
- 술잔을 돌릴 때는 윗사람으로부터 먼저 잔을 받은 다음에 윗사람에게 올린다.
- 논쟁을 유발하는 말버릇에 주의해야 한다.
- 설교보다는 동료나 부하직원의 말에 귀를 기울어야 한다.
- 성공담이나 실패담 등을 끄집어내서 자리를 즐겁게 만든다.

와인을 마실 때의 매너

와인은 글라스를 테이블 위에 놓아둔 채로 따라 받는다.

와인을 거절할 때는 글라스 위에 가볍게 손가락을 올려 놓으면서 "이제 됐습니다"하고 거절한다.

와인 글라스를 그림과 같이 엄지와 인지로 잡는다.

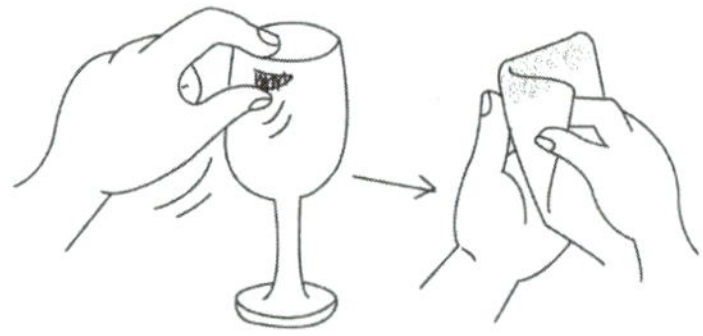

글라스에 루주가 묻었을 때는 먼저 손가락 끝으로 글라스의 오염을 제거한다. 그리고 그 손가락은 냅킨으로 닦는다.

3. 흡연

담배는 건강에 나쁠 뿐만 아니라 상대방에게 불쾌감을 줄 수도 있으므로 술과 마찬가지로 때와 장소에 따라 매너가 필요하다. 흡연에 관한 일반적인 매너는 다음과 같다.

- 금연구역에서는 담배를 피우지 않는다.
- 담배를 피우기 전에 금연구역인가를 확인한다.
- 흡연구역이라도 손윗사람이나 담배를 피우지 않는 사람 앞에서는 미리 양해를 구하고 피운다.
- 남의 집이나 사무실을 방문하여 의자에 앉자마자 담배를 피우는 것은 실례다.
- 접대용 담배의 경우 처음에는 주인이 권해야 하지만, 두번째부터는 "담배 좀 피우겠습니다"하고 양해를 구한 다음에 피운다.
- 남의 집이나 사무실을 방문했을 때 석 대 이상은 피우지 않는다.
- 담배를 피우지 않는 사람은 상대방이 권할 때 사양해도 실례가 아니다.
- 손님이나 윗사람에게 담뱃불을 붙여 주는 것은 분위기에 따라 해도 되고 안 해도 된다.
- 사람이 많이 모여 있는 곳이나 환기가 어려운 곳에서는 담배를 피우지 않는다.
- 상대방이 식사중일 때는 담배를 피우지 않는다.
- 길을 걸을 때는 담배를 피우지 않는다.

IMAGE MAKING

술을 섞어 마시지 말자

폭탄주(양주 + 맥주), 오십세주(백세주 + 소주), 드라큘라주(포도주 + 양주), 소맥(소주 + 맥주)... 술자리가 업무의 하나로 여겨질 정도로 회식문화가 발달한 우리나라에선 술마시는 방법도 술종류 만큼이나 다양하다. 하지만 건강을 위해선 섞어 마시는 것보다 하루에 한 가지 종류만 마시는 게 낫다.

혼합주의 가장 큰 단점은 쉽게 과음할 수 있다는 점이다. 가장 흔히 이용되는 폭탄주는 발효주인 맥주 한 컵에 증류주인 양주 한 컵이 합쳐진 술인데, '술술술 잘도 들어간다'라는 말을 할 정도로 부담 없이 잘 넘어간다.

맥주와 양주가 어우러진 순한 맛 때문에 본인도 모르게 취할 때까지 마시기 때문. 게다가 폭탄주의 알코올 농도는 위와 장에서 가장 잘 흡수되는 약 20도라는 것도 문제다. 젊은이들 사이에서 유행하는 50세주 역시 소주 맛보다 부드러운 백세주 맛을 많이 느껴 부담 없이 많은 양을 마시게 한다.

과음의 피해는 간 손상, 음주운전 사고, 다음날 업무지장, 술좌석에서의 실수 등 헤아릴 수 없이 많다. 의학적으로 건강을 해치지 않으려면 석잔 이상 마시지 말아야 한다. 소주는 소주잔, 양주는 양주잔, 맥주는 맥주잔에 따랐을 때가 기준이다.

따라서 혼합주는 마시더라도 한잔 혹은 한잔 반을 넘지 말아야 한다. 혼합주가 유해한 또 다른 이유는 술마다 조금씩 다른 성분이 섞여 발생하는 복잡한 상호작용이다. 즉 종류에 따라 흡수-대사-배설되는 과정이 조금씩 다른 술이 섞이면 우리 몸이 혼란스러워져 다음날 아침에 술에서 깰 때 힘들다.

영국의 뉴캐슬주 간연구소팀은 여러 종류의 술을 섞은 혼합주가 한 종류의 술을 마시는 것에 비해 23배나 간을 손상시킨다는 연구결과를 발표한 바 있다. 참고로 기왕 술을 많이 마셔야 할 상황에서 간 손상을 최소화하려면 한 종류의 술을 마시되, 식사 때 반주로 혹은 안주를 곁들여 가급적 천천히, 가능한 중간에 물을 많이 마시는 건강 음주법을 익혀두어야 한다. **중앙일보**

4. 안내

- 손님 혹은 상급자를 안내할 경우에는 안내할 장소, 즉 목적지에 대한 전반적인 사항을 미리 습득해 두거나 메모를 하였다가 적당한 시기에 간략하게 설명할 수 있도록 한다.
- 단정하고 올바른 자세로 손님이 도착할 지점에서 미리 대기하도

록 하고, 손님이 도착하면 밝은 미소로 인사를 한 후에 안내에 임한다.

- 안내를 할 때는 손님이 중앙에 오도록 하고, 안내자는 안내방향에 따라 좌측 혹은 우측의 손님보다 2~3보 앞쪽에 서서 목적지 방향을 손으로 가리키며 안내한다. 이때 손은 너무 높이 들지 않도록 하고 부드럽게 손바닥을 펴서 약간 밑쪽으로 향하게 하면서 방향을 가리킨다.
- 손님이 일정한 간격으로 안내 받고 있는지 수시로 확인하고 상황에 따라서는 적당한 인사말을 건네는 것도 좋다.
- 손님이 영어권 이외의 외국인의 경우에는 첫인사만이라도 그 나라의 언어를 구사하는 것이 좋다. 왜냐하면 상대방에게 호감을 줄 수 있기 때문이다.
- 안내장소에 도착하면 그곳에 대한 전반적인 안내 혹은 좌석안내 등을 간략히 한 후 호스트(host) 혹은 미리 도착해 있던 손님에게 소개를 한다.

5. 화장실

화장실을 이용할 때 지켜야 할 매너는 다음과 같다.

- 화장실을 청결하게 이용한다.
- 닫혀있는 문을 열 때는 반드시 노크를 한다.

- 사용 중에는 반드시 안에서 문을 잠근다.
- 변기 속에는 지정된 휴지 이외는 버리지 않는다.
- 옷매무새는 화장실 안에서 완전히 정리하고 나온다.

6. 도서관

도서관에 소장되어 있는 책은 여러 사람들이 보아야 하는 것이므로 도서관에 들어가기 전에 손을 깨끗이 씻고, 책을 다루고 보존한다.

특히 책장을 떼거나, 접는 일, 밑줄을 긋는 일, 기타 표시를 하는 일, 침을 묻혀 책장을 넘기는 일 등은 삼가야 한다. 만약 기록해 두고 싶은 것이 있으면 사전에 종이와 필기구를 마련하여 따로 정리하도록 한다.

또한 도서관에서는 무엇보다도 책을 볼 수 있는 분위기를 유지하기 위하여 신발소리, 문 여닫는 소리 등에 주의하여 모든 사람들에게 방해가 되지 않게 한다.

대출 받은 책은 되도록 깨끗이 간수하며, 책의 모양이나 내용이 손상되지 않도록 주의한다. 부주의로 책을 손상시켰거나 분실했을 때는 열람실 내의 직원에게 연락하고 규정에 따라 처리하도록 한다.

그리고 도서관에서는 잡담이나 토론을 해서는 안 되며 만남의 약속장소로 사용하는 일 등은 삼가고, 항상 정숙한 분위기를 유지할 수 있도록 한다.

정해진 양식의 도서관 출입증과 도서열람증은 타인에게 대여할 수 없으며, 일반적으로 참고열람실을 이용할 때는 가방이나 소지품을 보관대에 맡기고 들어가도록 되어 있다. 그밖에 도서관에서는 금연해야 하며, 이용시의 모든 행동은 직원의 지시에 따라야 한다.

7. 전람회장

교양을 높이고 마음의 양식을 쌓기 위해서 전람회장을 찾는 일은 매우 현명한 방법이다. 전람회장에서는 이야기를 하거나 신발소리를 내지 않도록 하고, 우산이나 비옷을 들었을 때는 전람회장 내를 더럽히지 않도록 주의한다. 작품이나 전시품에 신경을 집중하고 연구적인 태도로 관람하는 자세가 필요하다.

전시작품이나 진열장을 손으로 만지거나 너무 가까이 가서 입김 또는 옷자락이 닿게 하는 것은 삼가야 한다. 만약 연구자료로 수집하기 위해서 사진을 찍고자 할 때는 주최측의 허락을 받고 다른 관객에게 폐가 되지 않도록 한다. 가급적이면 손님이 적은 시간에 다시 가서 사진을 찍는 것이 바람직하다. 관람을 끝내고 나올 때는 주최자에게 축하의 뜻이나 감사의 뜻을 표시하도록 한다.

8. 극장 · 음악회

극장이나 음악회는 시작시간 전에 입장하여 자리를 잡아야 한다. 부득이 늦거나 자리를 떠나야 할 때는 옆 좌석의 손님에게 "실례합니다"하고 양해를 구하고, 발을 밟거나 무릎을 건드리지 않도록 주의하여 앞줄의 좌석 등받이에 몸을 붙이듯이 하여 옆 걸음으로 조용히 지나간다. 그리고 어린이들과 거리가 먼 내용일 때, 공연입장권에 '어린이 동반 사절'이라는 표시가 있을 때는 되도록 어린이를 함께 데리고 입장하지 않도록 한다.

공연장 내에서는 금연이므로 반드시 지키고, 앉은 자세를 높이거나 모자를 쓴 채로 관람하는 일 등은 삼간다. 여성의 경우 모자를 벗지 않아도 되는 것으로 되어 있지만, 크고 높은 특수한 모자를 쓴 경우에는 예외다. 출연한 음악가나 연기자에게는 적절한 시기에 박수를 보내 관객의 느낌을 표현한다. 일반적으로 박수를 치는 때는 다음과 같다.

- 음악회에서의 지휘자나 연주자가 등단했을 때
- 한 곡이 끝났을 때
- 마지막 곡이 끝났을 때
- 발레 등의 막이 오르고 주역의 인사가 있을 때
- 막이 내렸을 때
- 연극 중에 명대사나 명연기가 나올 때
- 최후의 막이 내렸을 때

9. 병원

병원을 이용할 때는 시급을 요하는 질병이 아니라면 날짜와 시간을 사전에 정하여 이용할 수 있는 '진료예약제도'를 활용하는 것이 바람직하다. 일반적으로 많은 사람들이 이 제도를 이용하지 않고 있어 종합병원의 대기실은 단지 몇 분간의 진찰을 받기 위해 수시간 동안 마냥 기다리는 사람들로 혼잡하다.

또한 그 가운데는 병원 내의 사람들과 안면이 있는 관계로 기다리는 사람보다 늦게 와서 먼저 진찰을 받는 불유쾌한 일들도 있게 된다. 따라서 병원이용시 '진료예약제도'를 이용하면, 개인적인 시간 낭비도 줄이고, 병원의 혼잡도 덜 수 있을 것이다.

진료 내용별로 병원에 가기 전에는 몸을 청결히 하여 다른 환자나 의사에게 불쾌감을 주지 않도록 한다. 또한 치과에 갈 때는 양치질을 깨끗이 하고, 여성의 경우에는 입술연지를 바르지 않고 간다. 일반적으로 병원에 갈 때는 얼굴빛으로도 진찰이 될 수 있으므로 화장을 하지 않고 가는 것이 좋다.

내과에 갈 때는 내의를 청결한 것으로 입고, 진찰이 편리하도록 앞트임의 옷을 입는 것이 좋다. 진찰 후에는 옷매무새를 완전히 정리하고 진찰실을 나선다. 어린 아이를 데리고 소아과에 갈 때는 아이가 울 때를 대비하여 달래기 위한 장난감이나 좋아하는 간식 등을 준비하여 진찰실이 소란하지 않도록 배려한다.

10. 은행 · 관공서

은행이나 관공서에 갔을 때 수속절차를 잘 모르는 경우에는 안내인이나 창구의 직원에게 자신의 용건을 분명히 말하고 도움을 구한다. 서류 등의 정해진 양식은 필요한 매수만을 이용하여 낭비하지 않으며 지정된 장소에서 쓰고, 필기구도 다 쓴 뒤에는 제자리에 두도록 한다.

자신의 용무가 급하다고 하여 창구의 직원에게 불평하거나 재촉하는 일은 없도록 하며, 먼저 와 있는 사람이 있을 때는 질서를 유지하도록 한다. 또한 직원과 안면이 있다고 하여 자신의 용건을 먼저 처리해 달라고 부탁하는 일은 삼가야 한다.

아울러 관공서에서도 여러 증명서류를 전화나 우편으로 예약 · 신청하면 원하는 때에 보내주거나 정확하게 발급받을 수 있는 시간을 알려주므로, 이 제도를 이용하면 개인적인 시간낭비를 줄일 수 있어 편리하다. 은행이나 관공서는 이용객들이 기다리면서 읽도록 책을 비치해 두는데, 다 읽은 후에는 반드시 제자리에 정리해 두며, 어린이를 동반할 경우에는 어린이가 신을 신고 의자 위에 올라가서 소란을 피우거나 뛰어다니지 않도록 주의시킨다.

11. 공원 · 고궁

공원이나 고궁을 이용할 때는 정해진 규정을 잘 읽고 제한되어 있는 사항을 준수하도록 한다. 꽃과 나무를 꺾거나 들어가는 것이 금지되어 있는 잔디밭에는 출입을 삼간다.

흡연은 지정된 곳에서만 하고, 담배꽁초는 꺼진 것을 반드시 확인하고 휴지통에 버린다. 그리고 연못이나 길에 휴지를 버리지 않도록 한다.

개를 데리고 산책할 때는 개가 아무 곳에서 배설을 하지 않도록 한다. 공원이나 고궁에서 휴식 후에 돌아갈 때는 음료수병과 과자봉지 등을 휴지통에 버리고 주변을 깔끔하게 정리하도록 한다.

12. 복도

복도를 지나다가 윗사람과 마주치면 가벼운 목례를 하고 예의를 갖춘다. 부득이 바쁜 일이 있어서 윗사람을 앞질러 갈 수밖에 없는 경우에는 “먼저 실례합니다” 또는 “먼저 가보겠습니다” 등의 인사말을 하고 가도록 한다.

또한 복도를 걸어갈 때는 세 사람 이상이 나란히 걸어서 복도를 꽉 차게 하여 맞은편에서 걸어오는 상대방이 헤치고 가거나 비켜가기에 당혹스러움을 느끼게 하는 일은 삼간다.

그리고 조용한 복도를 울리는 구두발자국 소리나 신을 끌며 걷는 소리 등은 모두 일종의 소음공해가 될 수 있다.

공공주택의 현관 밖이 복도식으로 된 주거지역에서는 어린이들이 복도에서 시끄럽게 떠들거나 뛰어 놀지 않도록 주의를 주어 쾌적한 환경이 될 수 있도록 한다.

13. 노상

- 여성과 함께 길을 걸을 때는 남성이 바깥쪽(차도 쪽)에 선다. 같은 여성들끼리라면 연령 순으로 연장자가 안쪽에 선다.
- 허약한 여성, 나이가 많은 여성인 경우나 사람이 너무 많아 혼잡한 경우 등을 제외하고 남성이 여성의 팔을 잡는다든지 여성이 남성의 팔에 매달리듯 하며 걷는 것은 매너에 어긋난다.
- 공공장소에서는 되도록 이야기하는 것을 삼가는 듯한 자세를 취하는 것이 매너의 기본으로, 길거리 특히 혼잡한 노상에서 서서 이야기를 하는 것을 되도록 삼간다. 또 길을 가며 담배를 피운다

든지 껌을 씹는 행위도 삼간다.

- 길거리에서 큰소리로 멀리 있는 친구의 이름을 부르지 않는다.
- 남성의 경우, 셔츠의 윗단추를 풀어헤치고 걷는다거나 넥타이를 다시 풀어서 매는 등의 행위는 삼간다. 여성의 경우에는 길에서 화장을 고친다거나 머리모양을 바꾼다거나 하는 정숙치 못한 행위를 삼간다.
- 길에서 싸움을 한다거나, 침이나 가래를 함부로 뱉는다거나 혹은 취해서 비틀거리는 것도 교양 없는 행위다.
- 길에서 알지 못하는 사람으로부터 질문이나 도움을 요청받았을 때는 친절하게 안내한다.
- 공공장소에서 모르는 사람에게 받은 호의에 대해서는 상황에 맞는 적당한 인사말을 한다.

14. 쇼핑

쇼핑에도 매너가 있다. 다른 고객과 판매원에게 불쾌감을 주지 않도록 하는 것이 쇼핑 매너이며, 매너가 좋으면 판매원으로부터 상품에 관한 좋은 정보도 얻을 수 있다. 판매원을 상품구입에 도움을 주는 조언자로 생각해야 한다.

진열장 안에 있는 상품을 만져보거나 가까이서 보려면 직접 꺼내지 말고 판매원에게 부탁한다. 이같은 부탁은 부담 없이 할 수 있지만, 분명히 사려는 의사가 없는 물건까지 마구 꺼내달라고 하는 행위는 삼간다. 상품을 살펴본 뒤 사지 않으려면 "잘 보았습니다. 마음에 드는 것이 없군요"라고 간단히 말한다. 그리고 다른 고객이 보려고 꺼내놓은 상품을 만지는 것은 실례다. 또한 판매원이 다른 고객과 얘기중일 때는 기다려야 한다.

15. 자전거

자전거 타기 매너는 보행자에 대한 경우와 자동차에 대한 경우가 있다. 보도와 주택가 골목길 유원지 등에서 자전거를 탈 때는 행인의 통행이 항상 우선이라는 생각을 가져야 한다.

행인을 보고 비키라는 식으로 종을 울리거나 속도를 내며 지나치지 않도록 한다. 특히 급격한 내리막길에서는 내려서 자전거를 끌고 가도록 한다.

횡단보도를 건널 때도 행인 사이로 다니지 않도록 한다. 자전거 횡단선이 거의 없으므로 횡단보도에서는 아예 내려서 자전거를 끌고 가는 습관을 들이도록 하는 편이 좋다.

차도에서 자전거를 탈 때 자동차 운전자를 불안케 하는 것은 실례다. 차선을 바꾸거나 보도와 차도 사이를 오르내리지 않도록 하며, 앞서가는 자동차에 바싹 붙어 운전자를 불안케 하거나 정지중인 자동차의 옆을 속도를 내 지나가는 것도 잘못된 매너다. 항상 차도의 오른쪽 가장자리로 다니도록 하고 반대쪽으로 가야 할 경우에는 내려서 끌고 가도록 한다.

제16장 스포츠 매너

1. 복장과 태도
2. 경기 관전
3. 골프
4. 접대 골프

꼴불견은 무식이 아니라 버릇없는 사람이다.

C.A. 엘베시우스

제16장

스포츠 매너

1. 복장과 태도

현대인에게 스포츠(sport)는 건강생활에 없어서는 안 될 만큼 생활 깊숙이 자리잡고 있는 실정이다. 현대의 스포츠는 경기목적보다는 즐기기 위한 스포츠 또는 건강을 목적으로 하는 스포츠로서 현재 각종 스포츠교실이나 헬스클럽(health club), 그리고 지역주민이 주체가 된 스포츠활동이 크게 유행하고 있는데, 스포츠는 신체적 건강뿐만 아니라 심리적 · 사회적인 측면에도 크게 기여하고 있다.

스포츠에서 가장 중요한 부분이 매너와 룰이다. 자신만 즐기면 좋다는 이기적인 생각으로 매너와 룰을 지키지 않으면 동료와 함께 스포츠를 즐길 수도 없을 뿐만 아니라 스포츠맨(sportsman)으로서의 자격 상실인 것이다. 따라서 스포츠를 위한 올바른 매너로서 경기에 임하는 태도나 경기관전 태도에 대한 에티켓이 절실히 요구된다.

1) 운동을 할 수 있는 복장

스포츠를 하기 위해서는 그 종목에 알맞은 복장을 갖추어야 한다.

스포츠 웨어(sports wear)는 땀을 충분히 흡수할 수 있는 면 종류의 소재를 선택하는 것이 좋다. 색상과 디자인은 자유롭게 선택할 수 있으나, 주위 사람들의 인상을 찌푸리게 하거나 경기를 하는 데 불편한 복장은 피해야 한다.

스포츠화도 운동 종목에 알맞은 것이 좋다. 테니스(tennis)를 할 때는 테니스 전용화를, 그리고 골프(golf)를 할 때는 골프화를 신어야 한다. 또한 여름철에 테니스나 골프를 할 때는 반드시 모자를 쓰는 것이 좋다. 장시간 직사광선을 쬐게 되면 일사병은 물론이고, 피부미용에도 좋지 않다.

2) 경기에 임하는 태도

경기를 시작하기 전에는 반드시 준비운동을 충분히 해야 한다. 준비운동을 하고 경기에 임할 경우와 그렇지 않을 경우 지구력(sustaining)이나 테크닉(technique)을 구사하는 데 있어서 커다란 차이가 난다. 준비운동은 안전사고를 예방하기 위해서 꼭 필요하다.

또한 경기를 하는 도중 자신이 없다고 해서 포기하거나 기권해 버리는 것은 스포츠를 즐기려는 자세가 아니다. 이기고 지는 것보다 그 경기에 임하는 자세가 더욱 중요하다. 그리고 경기가 끝나면 게임의 승패와 관계없이 상대편 선수와 인사를 나누는 것도 하나의 매너다. 게임에 졌다고 해서 인사를 나누지 않는 것은 다음 게임에서도 이길 자신이 없다는 것과 마찬가지다.

2. 경기 관전

경기장에는 그 경기에 적당한 경기장 분위기가 있다. 야구·축구 · 농구의 경우에는 응원석이 양편으로 나누어져 있어 때로는 고함을 지르기도 하고 야유를 보내기도 한다. 그러나 골프 · 테니스 · 사격 등을 관전할 때는 고함을 지르거나 소란을 피워서는 안 된다.

테니스의 경우 다른 스포츠와는 달리 경기를 조용히 관전하는 것이 매너다. 시합 중에 소리를 지르거나 박수를 쳐서는 안 되고, 일어나거나 걸어다니는 것도 금물이다. 왜냐하면 실내 코트의 경우에는 작은 소리에도 선수의 집중력이 흩어지기 때문이다. 골프의 경우도 테니스와 마찬가지다. 선수가 어드레스를 할 때는 정신을 집중하고 있기 때문에 잡담은 물론이고 주위를 어슬렁거려서도 안 된다.

1) 관전을 위한 준비

규모가 큰 경기장에서 축구 · 럭비 · 야구 경기를 관전하려면 먼저 무엇을 위주로 볼 것인가를 생각해야 한다. 만약 결승점을 올리는 순간을 보고 싶다면 골 라인 부근에 자리잡는 것이 좋고, 아니면 경기의 전체적인 흐름을 관전하고 싶다면 하프라인 선상에 위치한 관람석이 좋다.

그러나 맨 앞줄에 자리를 잡는다고 해서 선수의 표정까지 모두 읽을 수는 없다. 이럴 때는 쌍안경을 준비해 가면 관전의 흥미가 더해질 수 있다. 또한 계절에 따라서 적절한 준비를 해 가면 경기를 관전할 때 도움이 된다.

특히 여름철에 관전할 때는 땀을 닦는 데 필요한 타월과 챙이 넓은 모자를 준비하는 것도 좋고, 겨울철에는 방한 대책을 완전하게 하고 경기장에 들어가는 것이 좋다. 또한 따뜻한 음료나 커피를 준비해서 마시는 것도 추위를 이기는 한 방법이다.

2) 응원은 산뜻하게

선수가 좋은 경기를 펼칠 때는 박수를 보내는 것이 당연하지만, 멋진 경기라 해서 무턱대고 박수를 치는 것은 올바른 매너가 아니다.

테니스의 경우 아무리 멋진 플레이를 펼친다고 해도 게임이 끝날 때까지 박수를 보내서는 안 된다. 왜냐하면 경기 경험이 적은 선수들은 작은 소리에도 제 페이스를 찾지 못하는 경우도 있기 때문이다. 그러나 산뜻한 응원은 오히려 선수의 심기일전에 커다란 작용하기도 한다.

3. 골프

골프는 규칙을 지키는 일이 무엇보다도 중요하다. 기량이 뛰어나도 규칙을 무시하는 행동을 일삼다 보면 라운드 중 얼굴을 붉히는 일이 발생하고, 나중엔 동반자들이 하나 둘 떨어져 나가게 된다. 기량과 매너를 겸비한 '멋진 골퍼'로 대접받으려면 다음과 같은 행동은 하지 말아야 할 것이다.

1) 타인에게 폐를 끼치지 않는다

골프는 '신사의 스포츠'라고 일컬어지고 있다. 경기를 하는 데 있어서 너무 스코어(score)를 얻는 것에만 마음을 뺏기지 말고, 오히려 타인에게 폐를 끼치지 않는 플레이를 한다는 마음가짐이 필요하다.

2) 플레이는 신속하게 한다

골프는 일정한 스타트 시간에 따라서 플레이를 진행해 나간다. 누군가가 여분의 시간을 소비하게 되면 그 여파가 조금씩 파급되어 그 날의 스타트 시간이 전체적으로 뒤로 미루어지게 된다. 따라서 플레이는 신속하게 진행하는 것이 중요하다.

3) 타인의 플레이를 방해하지 않는다

골프는 정신적인 것에 크게 좌우되기 때문에 타인이 어드레스(볼을 치기 위한 준비)를 하거나 플레이를 할 때는 뒤에서 말을 걸거나 이야기를 하는 것은 삼가야 한다.

4) 1홀 이상 떨어지면 패스한다

플레이를 하다가 불의의 사고로 인해 진행이 늦어져 앞의 조와 1홀 이상 벌어지게 되면 뒤따라오는 후속 조에게 패스하는 것이 매너다. 이러한 경우를 '코스상의 선행권'이라고 하는데, 골프에서 특히 강조되고 있는 부분이다.

5) 코스 보호에 힘쓴다

골프는 일정한 흐름에 따라서 플레이를 하기 때문에 가장 상처를 받기 쉬운 것이 티 그라운드(tee ground : 제1타를 쳐내는 곳)와 그린의 손상이다. 따라서 플레이어는 다음사항을 준수하면서 코스를 보호하는데 힘써야 한다.

- 티 그라운드 상에서는 고의로 잔디를 손상시키지 말아야 한다.

- 쇼트로 깍은 잔디는 반드시 원래 위치로 되돌려 밟아 주어야 한다.
- 그린 상에서 신발을 질질 끌지 않도록 하고, 특히 새 신발을 신었을 때는 조용히 걷는 습관을 길러야 한다.
- 깃대를 뽑을 때와 볼을 주워 올렸을 때는 홀 주변의 잔디를 손상시키지 않도록 주의한다.
- 플레이 후 깃대를 세울 때는 홀의 중심에 적립시켜 꽂는 것을 잊어서는 안 된다.
- 벙커 내에서 쇼트가 끝난 다음에 생긴 자국이나 발자국은 반드시 레이키로 고르게 해두는 것을 잊어서는 안 된다.

6) 기동에는 세심한 배려를 한다

최근에는 기동사고가 늘고 있다. 따라서 티 그라운드 근처나 인도어(indoor)에서도 기동을 할 때는 세심한 배려가 필요하다.

IMAGE MAKING

골프 매너 "꽝"

- 티잉그라운드 밖에서 티오프를 하는 행위
- 수시로 볼을 건드리는(터치 플레이) 행위
- 퍼트라인을 툭툭 누르는 행위
- 'OB티'에서 티업하는 행위
- 해저드에서 클럽헤드를 치기 전에 땅이나 수면에 대는 행위
- 구제 받거나 언플레이어블 선언 후 볼을 페어웨이로 던지는 행위

4. 접대 골프

게임에 너무 집중해 접대하고 있다는 생각을 잊지 않도록 해야 한다.

1) 준비

골프장 선정은 상대방의 핸디캡(handicap : 경기에서 플레이어의 역량을 균등하게 하기 위해서 파를 기준으로 해서 산출된 것)이나 익숙한 코스 등의 정보를 모아서 참고하여 결정한다. 자택에서 가기 쉬운 장소를 선택하는 것도 좋다. 시작시간은 천천히 할 수 있도록 예약해 두는 것이 무난할 것이다. 과자나 수건 등의 선물을 준비하는 경우도 있다.

2) 만남

자택까지 마중을 가는 경우에는 시간을 엄수하고 골프장에서 만나기로 한 경우에는 일찍 도착하여 손님을 현관 앞에서 맞이한다. 플레이 전 마스터 등록 등의 작업은 손님이 눈치채지 못하게 마무리해 놓는다.

3) 플레이 매너

골프의 기본 매너를 지키는 일은 당연하다. 너무 열심히 몰두한 나머지 자신의 입장을 잊지 않도록 해야 한다. 단, 상대방의 플레이 상태가 나쁠 때 어드바이스를 하려고 하는 것은 금물이다. 반대로 상대방의 플레이가 좋을 때는 칭찬하면서 분위기를 띄운다.

4) 플레이 후 매너

샤워나 식사 등의 준비는 매끄럽게 준비해 둔다. 선물을 준비한 경우에는 귀가할 때에 전달하고, 현관 앞에서의 인사는 간단하게 하는 것이 매너다.

제17장 생활 매너

1. 가정 10계명
2. 행복 10계명

예의바른 행동 - 그것은 고귀한 성품의 최종적인 완성의 꽃이다.

W. 원터

제17장

생활 매너

1. 가정 10계명

경제가 어렵고 사회가 불안해질수록 가족 간의 사랑과 따뜻한 정은 서로에게 비타민이 되고 기댈 언덕이 된다. 행복한 가정을 이루기 위해서는 가정 10계명을 마음속에 상비약처럼 간직하고 아낌없이 꺼내 쓰도록 해야 한다.

또한 세상을 행복하게 사는 사람은 불행을 맞는 방식도 다르다. 그들은 시험이나 승진, 사업의 실패까지도 새로운 인생의 전환기로 삼고 있다. 그리고 불행을 인생의 덫으로 보는 것이 아니라 인생의 덤으로 보기 때문이다. 따라서 사람은 누구나 생각만 바꾼다면 얼마든지 세상을 행복하게 볼 수 있다.

1) 부모가 자녀에게 해야 할 10가지

- 가장 깊은 사랑과 관심은 말이 아닌 포옹으로 이루어진다. 틈나는 대로 자녀들을 따뜻하게 안아주어야 한다.

- 웃음은 조물주가 인간에게 부여한 가장 큰 선물이며 희망이다. 넘치도록 웃음을 나누어주어야 한다.
- 자녀들에게 소망의 원동력인 기도를 유산으로 물려주어야 한다.
- 지킬 수 없는 약속은 아예 하지 말고, 아무리 사소한 것이라도 반드시 지켜야 한다.
- 식탁은 문화의 온상이며 대화의 자리다. 즐겁고 다정한 이야기로 식탁을 가득 채워야 한다.
- 하나의 고상한 실패가 많은 저속한 실패보다 낫다. 자녀에게 실패할 수 있는 기회를 주어야 한다.
- 큰 소리 치기 전에 한 번 더 생각하라. 아이들의 세계도 존중해주어야 한다.
- 질문을 가로채거나 무시하지 말라. 질문은 무릇 모든 사고의 출발점이다.
- 다섯 번 지도하고, 세 번 칭찬하며, 한 번 꾸지람해야 한다.
- 어른은 아이들의 거울이다. 말이 아니라 솔선수범으로 가르친다.

2) 남편이 아내에게 해야 할 10가지
- 아내에게 행복감을 안겨주는 가장 좋은 영양제는 사랑이다.
- 아내를 모르고는 아내와 살 수 없다. 아내를 연구해야 한다.
- 최고의 리더십은 기도로부터 비롯된다. 아내를 위해 기도하라.
- 서두르지 말라. 기다릴 수 없는 사랑은 진정한 사랑이 아니다.
- 침실에서는 돌아눕지 말고 마주보고 누워라. 돌아눕는 순간부터는 너무나 멀어진다.
- 돈 문제는 아내에게 맡겨라. "가계부 좀 보자"는 말을 가장 듣기

싫어한다.

- 아내도 인생의 파트너다. 아내이기 전에 여성으로 대해야 한다.
- 아내와 가족을 위해 시간을 투자해야 한다.
- 가장 어리석은 자는 아내와 싸워서 이기려는 남편이다.
- 아내에게도 품위유지비를 지급해야 한다.

3) 아내가 남편에게 해야 할 10가지

- 남편의 자존심을 세워주어야 한다.
- 요리할 때는 언제나 즐거운 마음으로 해야 한다.
- 미인계보다는 미소를 써야 한다.
- 남편을 왕으로 만들면 아내는 저절로 왕비가 된다.
- 친정보다 시댁을 우선해야 한다.
- 남편과 취미생활에 공통분모를 가져야 한다.
- 지갑의 두께로 남편을 평가하지 말아야 한다.
- 남편의 성적인 욕구를 외면하지 말아야 한다.
- 아내의 말 한마디가 남편을 살맛나게 한다. 칭찬과 격려를 아끼지 말아야 한다.
- 휴식과 상처를 스스로 치유할 수 있도록 남편만의 시간을 인정해 주어야 한다.

2. 행복 10계명

1) 실패한 일일수록 미련을 버려라

실패한 과거를 가진 사람일수록 오랫동안 슬럼프에서 벗어나지 못하고 자기 자신을 괴롭히고, 잃어버린 재산이나 명예를 되새기며 불행해 한다. 과거는 절대로 되돌릴 수 없다. 그러므로 과거를 후회하는 것은 비생산적이고 어리석은 일이다.

2) 고민 대신 실천 가능한 해결책을 찾아라

사람은 누구나 미래에 대한 불안감을 가지고 있다. 그러나 미리부터 고민한다고 해서 달라질 것도 없다. 무엇이든 자신 있게 할 수 있는 일부터 행동으로 옮기는 것이 더 현명한 방법이다.

3) 자신의 실수나 단점에 집착하지 말라

사람은 누구에게나 단점이 있고, 실수할 때도 있다. 먼저 자신에게 부족한 점을 극복할 수 있는 작은 노력부터 해 보라. 무엇보다 자신감을 갖는 것이 행복한 삶을 위해 바람직하기 때문이다.

4) 최악의 순간보다는 최상의 모습을 상상하라

실패를 생각하면서 하는 일은 성공하기 어렵다. 사람은 누구나 긍정적인 상상만으로도 자신감과 의지력을 가질 수 있다.

5) 효과적인 기분 전환법을 알아두어라

고민이나 실의·분노 등의 감정을 오래 갖고 있는 것은 결코 좋지 않다. 이러한 고민거리를 떨쳐버리는 가장 좋은 방법은 일이나 취미·운동 등에 몰두함으로써 마음의 평온함을 유지하는 것이다.

6) 자신을 스스로 격려하고 칭찬하라

자기의 장점을 써서 잘 보이는 곳에 붙여두거나 또는 자신 있는 일, 잘할 수 있는 일 등의 목록을 만들어 보는 것도 좋다. 그러면 우울할 때 한번씩 펼쳐보면 다시 기운이 생길 것이다.

7) 체념하고 포기하는 법을 배워라

이 세상 모든 일이 내 뜻대로 되는 것은 아니다. 내가 아무리 노력해도 되지 않는 일들이 있다. 운명을 거역하면 사람은 상처를 입게 되고, 운명을 수용하면 행복해질 수도 있다. 여기에 인생의 역설이 있다.

8) 자신을 주위 사람과 비교하지 말라

사람은 누구나 남과 비교하는 습성이 있기 마련이다. 그러나 자신이 가진 것에 감사하지 않고, 남과 비교하여 신세를 한탄하고, 원망을 일삼는 사람은 마음의 평화를 얻을 수 없다. 따라서 있는 그대로의 자신을 가꾸는 것이 행복의 비결이다.

9) 자신이 할 수 있는 명확한 한계를 정하라

사람의 욕심은 끝이 없다. 그래서 어떤 일을 계획할 때는 지나친 욕심보다는 한계를 정해두고 추진하는 것이 자기 만족감을 갖는데 보탬이 된다.

10) 행복 프로그래밍을 만들어라

항상 어떤 일이든 "잘 할 수 있어", "잘 될 거야" 등의 긍정적인 자기 암시법을 이용한 행복 프로그래밍은 당신을 정말 행복하게 해 줄 것이다.

부록 생활 지혜

1. 장식도 하고 행운도 가져다 주는 꽃꽂이 풍수
2. 행운을 불러오는 소품·생활습관
3. 화를 다스리는 호흡법
4. 보왕삼매론
5. 공직자 근무 매너
6. 종교생활
7. 글로벌 진출 10계명
8. 장수 5계명
9. 웰빙 잠자기 10계명

부록

생활 지혜

1. 장식도 하고, 행운도 가져다 주는 꽃꽂이 풍수

꽃의 색깔에 따라서 원하는 일이 훨씬 잘 이루어진다고 한다. 꽃을 가져다 놓는 장소나 방향에 따라 소망이 이루어지기도 하고, 그렇게 되지 않는다고도 한다. 꽃이 가져다 주는 힘을 빌려 원하는 바를 이루려면 어떻게 해야 하는 것일지, 그 방법들을 알아본다.

1) 돈을 모으고 싶다

크고 볼륨감 있게 꽂은 노란색 꽃을 집의 중심에서 서쪽에 위치한 장소에 올려 놓으면 금전적으로 운이 좋아진다. 그리고 엷은 크림색 계통보다 오렌지색에 가까운 진한색이 더 강력한 작용을 하며, 풍성한 결실을 상징하는 과일을 함께 배치하면 효과는 더욱 높아진다.

차곡차곡 저축을 늘려간다거나 재산을 남기기를 원하는 경우에는 흰색의 꽃을, 반대로 돈이 점점 나가고 있는 상태라면 블루 톤의 꽃을 더해 꽂는다. 블루 톤의 꽃이 없는 경우에는 꽃병 받침이나 꽃병 등을 푸른색으로 선택하면 된다.

꽃병대신 대지의 힘을 상징하는 불에 구운 도자기류나 열매로 만든 잼이나 포도주 등을 담았던 병을 사용해도 좋다.

IMAGE MAKING

금전운에 효과적인 꽃꽂이

- 꽃의 색 : 노란색과 파란색, 노란색과 흰색
- 꽂는 방법 : 크고 볼륨감 있게 꽂는다
- 꽃병 : 불에 구운 그릇이나 잼, 과일주 병
- 장소 : 집의 중심에서 서쪽으로 있는 각 공간을 이용한다

2) 건강하게 생활하고 싶다

흙으로 구운 도자기에 꽃장식을 하여 남서쪽에 장식한다. 화장실에 창문이 없으면 보라색 꽃을 꼭 꽂아둔다.

몸과 마음을 건강하게 유지하기 위해서는 대지의 힘을 충분히 살려주는 꽃꽂이가 좋다. 따라서 꽃병은 흙으로 만든 도기나 자기를 선택하고, 모양새는 묵직한 것을 사용하는 것이 좋다. 꽃은 심플하게 꽂는다. 특히 흰색꽃을 기본으로 크림색 · 노란색 · 빨간색 중에서 한 가지 색의 꽃을 추가시킨 다음 이것을 집의 남서쪽 방향에 놓으면 건강이 찾아든다.

화장실에 창문이 없는 경우, 바로 이곳이 가족의 건강운을 좌우하는 포인트가 되므로 보라색 계열의 꽃을 장식하여 운을 높인다.

IMAGE MAKING

건강운에 효과적인 꽃꽂이

- 꽃의 색 : 흰색 · 노란색 · 크림색 · 빨간색
- 꽂는 방법 : 2가지 색을 골라 심플하게 꽂는다
- 꽃병 : 검정색이나 크림색의 도자기
- 장소 : 남서 방향에 꽂아 두거나, 또는 화장실에 꽂는다

3) 다이어트에 성공하고 싶다

날씬해지고 싶으면 푸른색 계열의 꽃을 식탁위에서 남쪽 방향으로 향해 올려 놓는다. 식탁 위는 다이어트를 하는 사람에게 힘을 돋우어 주는 장소가 되기 때문이다.

푸른색은 기분을 부드럽게 가라앉히는 힘을 갖고 있으며, 다이어트 시 받게 되는 스트레스 해소에도 효과적이다. 또한 같은 모양으로 꽂은 꽃을 두 개 만들어 나란히 놓으면 그 효과는 더욱 높아진다.

IMAGE MAKING 다이어트에 효과적인 꽃꽂이

- 꽃의 색 : 연파란색 · 흰색 · 보라색
- 꽂는 방법 : 같은 색으로 통일
- 꽃병 : 흰색의 자기나 유리 그릇
- 장소 : 남쪽의 코너나 주방의 식탁위를 이용한다

4) 자식을 얻고 싶다

자식을 얻거나 안전한 출산에 가장 효과를 발휘하는 것이 석류열매다. 석류열매를 구하기 어려울 경우에는 꽃으로 그 효과를 대신 얻도록 한다. 이 때 가능하다면 다른 과일이나 열매를 꽃과 함께 꽂아 장식하도록 한다.

꽃의 색상은 따뜻한 느낌의 오렌지나 핑크 · 흰색계열이 적당하다. 특히 흰색은 대를 잇게 하고 싶은 사람에게 적절한 색이다.

그리고 침실의 남서쪽이나 북쪽에 꽃을 놓아둔다. 단, 다량의 물을 두는 것은 금기에 해당하므로 가능한 작은 그릇에 물을 약간 담아 꽃을 꽂아두는 것이 좋다.

IMAGE MAKING

자식운에 효과적인 꽃꽂이

- 꽃의 색 : 오렌지색 · 흰색 · 핑크색
- 꽂는 방법 : 작고 아담하게 꽂는다
- 꽃병 : 작지만 안정감을 주는 도자기
- 장소 : 침실의 북쪽, 남서에 놓아 장식한다

5) 가정의 운을 높이고 싶다

들에 피어있는 노란색이나 크림색 꽃들을 모아 꽃꽂이를 한다. 마당에 피어나 있는 꽃이나 집 근처의 길가나 공터에서 자라고 있는 꽃을 사용하는 것이 가장 좋다. 들꽃에는 가정운을 상승시키는 강력한 힘이 있기 때문에 가족 모두에게 안정감을 갖게 해준다.

꽂는 방법은 대지에 뿌리를 두고 있듯이 옆으로 길게 늘어지도록 꽂는 것이 요령이다. 거실이나 식탁 등 가족이 모이는 장소나 집의 남서방향에 놓아둔다.

IMAGE MAKING

가정운에 효과적인 꽃꽂이

- 꽃의 색 : 노란색 · 크림색 · 들에 핀 꽃
- 꽂는 방법 : 옆으로 늘어지게 꽂는다
- 꽃병 : 평평한 모양의 도자기
- 장소 : 거실이나 주방의 식탁 위, 집의 남서쪽

6) 연애 · 결혼운을 얻고 싶다

아름다운 꽃에는 여성을 행복하게 해주는 힘이 가득하다. 플라워 풍수의 테크닉을 살리면 그 힘이 한층 높아져 인상적인 연애를 할 수 있다.

꽃을 꽂는 기본은 줄기가 긴 것을 위로 높이 꽂는다. 줄기가 긴 것은 남성과 인연을 맺어주는데 큰 역할을 한다. 또한 꽃병에 리본을 묶어 길게 늘어뜨리는 방법도 효과적이다.

꽃이나 리본의 색상은 핑크·빨간색·노란색·흰색 등으로 골라 화려해 보이도록 한다. 연애에 일단 빠지면 냉정을 찾을 수 없는 사람이라면 푸른색 꽃을 곁들여 안정감을 찾을 수 있도록 한다.

꽃은 가능한 향이 좋은 것을 사용하며, 향이 별로 없는 경우에는 주위에 향수 등을 놓아두는 것이 좋다. 놓는 장소는 침실의 베개가 위치한 곳이나 좋은 인연을 가져다 줄 수 있는 동남쪽이 좋다. 여기에 스탠드 빛을 비춰주면 그 행운의 힘이 더욱 높아진다.

IMAGE MAKING

연애 · 결혼운에 효과적인 꽃꽂이

- 꽃의 색 : 핑크색 · 빨간색 · 노란색 · 흰색 · 파란색
- 꽂는 방법 : 위로 높고, 길게 꽂는다
- 꽃병 : 유리 그릇이나 크리스탈류
- 장소 : 동남쪽이나 침실 배갯머리

2. 행운을 불러오는 소품 · 생활습관

1) 스탠드

집안의 기운을 상승시키고 싶은 곳에 사이드 조명을 둔다. 방안의 조명은 밝기가 비슷해야 하며 다른 조명으로 교체할 때는 기존의 것보다 어두운 조명으로 바꾸는 것은 피하는 것이 좋다.

2) 양초

붉은색과 분홍색 양초 역시 스탠드와 마찬가지로 약한 기운을 보완하는 역할을 한다. 붉은색 계열은 젊음, 에너지를 상징한다는 사실을 기억해야 한다.

3) 코끼리상

코끼리상은 무게를 상징한다. 집안의 약한 기운을 보완하기 위해 코끼리상을 놓아둔다.

단, 한 공간에 자잘한 소품이 많은 것은 좋지 않으므로 스탠드, 양초, 코끼리상 중에서 하나만 선택하는 것이 좋다.

4) 종이상자

지폐 · 카드 · 통장 등 돈과 관계있는 물건은 금속상자에 넣어두면 운이 반감된다. 되도록 종이 상자에다 천을 깔고 그 속에 넣어두는 것이 좋다.

5) 풍경

소리가 나는 풍경은 좋지 않은 기운을 막아주는 역할을 한다. 거실과 베란다 사이, 안방과 베란다 사이 등 바람이 제일 많이 드는 곳에 달아주면 된다.

6) 화장실 문은 항상 닫아둔다

환기를 시키거나 특별한 경우를 제외하고는 화장실 문은 열어 놓지 않는 것이 좋다. 풍수에서 물이 빠지는 것은 집안의 기운이 빠져 나간다고 보기 때문에 화장실의 나쁜 기운이 집안에 퍼지지 않게 하기 위함이다.

7) 배수구는 항상 깨끗하게

부엌이나 화장실의 배수구는 찌꺼기가 끼어 있지 않아야 하며, 반질반질하게 닦아 금속의 광택을 유지하도록 한다.

8) 신발장은 정리정돈이 필수

현관의 신발장은 항상 깨끗하게 정리 정돈한다. 신발장 안에 신발을 가지런히 놓는 것은 물론 신발장 위에 구둣솔이나 구두약 등의 잡다한 물건을 올려놓는 것은 금물이다.

3. 화를 다스리는 호흡법

- 화가 난 사람을 생각하며 숨을 깊이 들이쉰다. 그 사람의 고통을 눈으로 보면서 숨을 내쉰다.
- 화로 인해 나와 타인이 입은 상처를 생각하면서 숨을 들이쉰다. 행복을 파괴하는 화를 생각하면서 숨을 내쉰다.
- 내 몸 안의 화의 뿌리를 보면서 숨을 들이쉰다. 내 마음속의 화의 뿌리를 보면서 숨을 내쉰다.
- 그릇된 판단과 무지에 들어있는 고통의 뿌리를 보면서 숨을 들이쉰다. 그릇된 판단과 무지에서 미소를 지어주면서 숨을 내쉰다.
- 화가 난 사람의 고통을 지긋이 바라보면서 숨을 들이쉰다. 그 불행의 원인을 이해하면서 숨을 내쉰다.

- 화가 난 사람의 딱한 처지와 불행을 보면서 숨을 들이쉰다. 그 불행의 원인을 이해하면서 숨을 내쉰다.
- 화의 불길에 휩싸인 나를 바라보면서 숨을 들이쉰다. 화의 불길에 휩싸인 자신을 연민하면서 숨을 내쉰다.
- 화는 나를 추하게 만든다는 것을 깨달으면서 숨을 들이쉰다. 내 모습이 추하게 된 것은 순전히 나 때문이라는 것을 깨달으면서 숨을 내쉰다.
- 화가 났을 때 나는 집에 불을 지르는 것과 같다는 것을 깨달으면서 숨을 들이쉰다. 화를 보살피고 자신에게로 돌아가면서 숨을 내쉰다.
- 화가 난 사람을 돕는다고 생각하면서 숨을 들이쉰다. 내게는 화가 난 사람을 도울 능력이 있다는 것을 깨달으면서 숨을 내쉰다.

틱낫한의 '화가 풀리면 인생도 풀린다' 중에서

4. 보왕삼매론

- 몸에 병 없기를 바라지 말라. 몸에 병이 없으면 탐욕이 생기기 쉽나니, 그래서 성인이 말씀하시되 「병고로써 양약을 삼으라」 하셨느니라.
- 세상살이에 곤란 없기를 바라지 말라. 세상살이에 곤란이 없으면 업신여기는 마음과 사치한 마음이 생기나니, 「근심과 곤란으로써 세상을 살아가라」.
- 공부하는데 마음에 장애 없기를 바라지 말라. 마음에 장애가 없으면 배우는 것이 넘치게 되나니, 「장애속에서 해탈을 얻으라」.

- 수행하는데 마(魔)없기를 바라지 말라. 수행하는데 마가 없으면 서원이 굳건해지지 못하나니, 「모든 마군으로써 수행을 도와주는 벗을 삼으라」.
- 일을 꾀하되 쉽게 되기를 바라지 말라. 일이 쉽게 되면 뜻을 경솔한데 두게 되나니, 「여러 겁을 겪어서 일을 성취하라」.
- 친구를 사귀되 내가 이롭기를 바라지 말라. 내가 이롭고자 하면 의리를 상하게 되나니, 「순결로써 사귐을 길게 하라」.
- 남이 내 뜻대로 순종해 주기를 바라지 말라. 남이 내 뜻대로 순종해주면 마음이 스스로 교만해지나니, 「내 뜻에 맞지 않는 사람들로써 원림(園林)을 삼으라」.
- 공덕을 베풀려면 과보를 바라지 말라, 과보를 바라면 도모하는 뜻을 가지게 되나니, 「덕 베푼 것은 헌신처럼 버리라」.
- 이익을 분에 넘치게 바라지 말라. 이익이 분에 넘치면 어리석은 마음이 생겨나나니, 「적은 이익으로써 부자가 되라」.
- 억울함을 당해서 밝히려고 하지 말라. 억울함을 밝히면 원망하는 마음을 도웁게 되나니, 「억울함을 당하는 것으로 수행하는 문을 삼으라」.

이와 같은 막히는 데서 도리어 통하는 것이요, 통함을 구하는 것이 도리어 막히는 것이니, 그래서 부처님께서는 저 장애 가운데서 보리심을 얻으셨느니라.

저 「앙굴마라」와 「제바달라」의 무리가 모두 반역된 짓을 했지만, 우리 부처님께서는 모두 수기를 주셔서 성불케 하셨으니, 어찌 저의 거슬리는 것이 나를 순종함이 아니며, 저가 방해한 것이 나를 성취하게 함이 아니랴.

5. 공직자 근무 매너

공직자는 항상 새로운 마음과 더불어 밝고 미소띤 얼굴표정을 잃지 말아야 한다. 물론 하루에도 많은 민원인들이 방문하는 창구에서 일일이 인사를 한다는 것은 불가능하지만, 적어도 최소한의 성의와 서비스를 다하는 마음을 가져야 한다.

1) 창구직원의 기본 자세

민원창구에서 민원인을 따뜻하게 응대하기 위해서는 정확하고 신속한 업무처리도 중요하지만, 창구직원의 태도 · 동삭 · 말씨 · 마음가짐이 무엇보다도 중요하다. 창구직원의 기본 자세는 다음과 같다.

- 민원인의 처지와 마음을 이해한다.
- 업무에 관한 지식을 향상시키는데 노력한다.
- 신속하고 정확하게 봉사한다.

2) 민원인 응대 요령

민원인의 응대 요령은 다음 5단계로 나눌 수 있다.

- 1단계 : "안녕하세요", "어서 오십시오"하고 환영한다는 얼굴표정을 짓고, 가볍게 인사를 한다.
- 2단계 : "어떻게 오셨습니까?", "무엇을 도와드릴까요?"하고 인사

를 나눈 다음, 민원인이 편안한 마음을 갖도록 배려한다.

- 3단계 : "네, 그렇습니까?", "관련된 서류를 가지고 오셨습니까?" 하고 용건을 묻고, 민원인의 요구사항을 경청하면서 메모를 한다.
- 4단계 : "잠시 기다려 주십시오", "빨리 처리해 드리겠습니다"하고 의자를 권한 다음, 신속·공정하게 업무를 처리한다.
- 5단계 : "오래 기다리셨습니다", "서류가 다 되었습니다", "안녕히 가십시오"하고 인사를 한다.

3) 창구직원의 금지행위

근무 중 창구직원의 금지행위는 다음과 같다.

- 음식물을 섭취하는 행위
- 하품을 하거나 기지개를 켜는 행위
- 동료직원과 농담을 하거나 웃고 잡담하는 행위
- 장시간 사적인 전화를 하는 행위
- 화장이 너무 진하거나 단정하지 못한 느낌을 주는 행위
- 개인적인 일로 민원인을 너무 오래 기다리게 하는 행위

4) 불만 민원의 응대 요령

- 한발 양보하는 자세로 대처한다.
- 정확한 원인을 판단하고 분석한다.
- 불평이나 불만사항은 즉시 처리한다.
- 성의 있게 해결책을 알려 준다.
- 적극적으로 해결하고 그 결과를 검토한다.

6. 종교생활

- 항상 예배시간 15분전에 도착해서 기도와 찬송으로 예배를 준비해야 한다.
- 주보를 보면서 이번 주 예배순서도 미리 익혀두고 봉독(奉讀)할 말씀도 찾아본다.
- 자리는 맨 앞자리부터 앉아야 한다. 늦게 출석하는 성도와 초심자를 위해 뒷자리는 비워둔다.
- 자리에 앉으면 먼저 휴대폰 전원을 끈다.
- 일반적으로 성도간 인사는 주로 평 경례를 해야 한다(상황에 따라서 큰 경례를 하기도 함).
- 주님 안에서 우리들은 모두 형제와 자매이다. 지나치게 겉모습을 보고 굽실거리는 것은 서로 부담을 주게된다.
- 교회에서 호칭은 형제자매라고 부르는 것이 가장 무난하다. 직분이 있는 경우에는 성과 직분을 부르는 것이 좋다(예 : 김집사님, 최장로님 등).
- 교회에서 무분별한 사회적 호칭, 개인적인 친소관계에 따른 호칭은 삼가야 한다(예 : 사장님, 박사님, 형님 등).
- '예배를 드린다', '예배를 본다'라는 표현보다는 '예배를 한다'는 말이 더 정확하다.
- '찬양드린다'보다는 '찬양한다'는 말이 더 성숙한 표현이 된다.
- 기도를 마칠 때는 '예수님 이름으로 기도합니다'라고 해야 한다.
- 하나님 앞에서 기도하면서 '당신'이라는 표현은 사용하지 않는다.
- '주님이시여', '하나님이시여'보다는 그냥 '주님', '하나님'이라고

하는 것이 올바른 표현이 된다.

7. 글로벌 진출 10계명

- 도전 정신이 제1의 밑천이다. 더 큰 세상을 보고 승부욕과 자신감, 인내를 길러야 성공할 수 있다.
- 말문이 트여야 외국이 보인다. 인도나 필리핀 젊은이들의 해외 진출이 활발한 것은 유창한 영어 구사능력 덕분이다.
- 컴퓨터는 세계로 가는 보증수표다. 컴퓨터 실력이 곧 경쟁력이다.
- 발로 뛰어야 한다. 몸으로 부딪치면 안 되는 일이 없다.
- 멋진 이력서를 만들어라. 기업체 인사 또는 총무 분야도 경력이 좋으면 해외 취업이 잘 된다.
- 전망과 적성을 꼼꼼히 따져라. 직업적 전망과 적성을 꼼꼼히 따져 보고 유학, 인턴, 해외 자격증 취득으로 차근차근 준비해야 한다.
- 유학도 밑천이 된다. 유학 중에 새로운 아이템이 생기면 과감하게 도전해 본다.
- 알선업체를 잘 골라야 한다. 국가 기관과 연계된 알선, 교육업체 등 공신력 있는 업체를 이용하면 좋다.
- 선배의 경험담에 귀 기울어야 한다. 외국에 진출한 선배나 직장인들의 동호회를 참조한다.
- 세계로 가려면 세계인이 되어야 한다. 현지의 문화를 포용하고 친해지지 않고는 성공할 수 없다.

8. 장수 5계명

장수는 하는 것이 아니라 되는 것이다. 누구나 오랫동안 건강한 삶을 누리고 싶은 욕구를 가지고 있다. 하지만 불규칙한 생활과 과도한 스트레스 때문에 크고 작은 질병에 항상 노출돼 있는 현대인에게 장수는 결코 쉽지 않은 과제다.

1) 규칙적인 운동을 해야 한다

전국의 100세 이상 장수 노인의 공통점은 젊었을 때부터 부지런히 몸을 움직인다는 것이다. 특별한 지장이 없으면 연로한 나이에도 논밭에서 일하고 산책을 즐긴다. 집에서 자식들의 봉양을 받는 노인들은 거의 드물다.

2) 중용과 절제가 필요하다

지나친 과음이나 과식을 하지 않고 줄담배를 피우지 않는 등 적당한 순간에 자제할 줄 아는 의지가 필요하다. 또한 '적게 먹는 것이 장수의 비결'이라는 통념과는 달리 장수 노인의 대부분이 밥 한 공기 정도를 규칙적으로 섭취하는 것으로 나타났다. 식사량도 중용을 지켜야 한다.

3) 규칙적인 생활을 해야 한다

대부분의 장수 노인들은 시계처럼 정확하게 규칙적인 생활을 하고 있다. 밭일을 하는 시간에는 비가 오나 눈이 오나 밭에 나간다. 하루 평균 9시간 충분한 수면을 취하고 식사는 규칙적으로 하루 세

끼 일정한 양을 먹는다. 생체리듬에 딱 맞추는 생활방식이 건강의 비결이라고 한다.

4) 멋을 부려야 한다

틀에 박힌 생활을 하면서도 가끔 약간의 파격을 즐기는 것도 장수 노인들의 공통점이다. 짓궂은 장난이나 농담 등 가끔 톡톡 튀는 행동도 필요하다. 물론 규칙적인 생활도 중요하지만 매일 똑같은 것만 반복하면 지겨울 수 있으므로 약간의 파격을 즐길 줄 아는 여유가 필요하다.

5) 머리를 써야 한다

대부분의 장수 노인들은 손으로 뭔가를 만드는 것을 즐긴다. 공작은 두뇌 회전에 도움을 주므로 치매예방에 좋다.

또한 당뇨병이나 관절염, 골다공증, 심장병 등의 질병을 예방하는 데도 효과적이다. 이렇게 계속 머리를 쓸 수 있는 자극이 주어져야 오래 살 수 있다.

9. 웰빙 잠자기 10계명

- 잠을 잘 때는 똑바로 눕는 것보다는 오른쪽으로 눕는 것이 좋다. 그리고 두 다리를 굽혀 근육을 느슨하게 해 주면, 소화가 잘 되고 심장에 압박을 주지 않아 혈액 순환에도 좋다.
- 잠이 든다는 것은 체온과 혈압이 조금씩 떨어지는 과정이라고 볼 수 있다. 그러나 화를 내면 체온도 올라가고 혈압도 높아진

다. 결국 화를 내면 잠을 충분히 잘 수 없게 된다.

- 걱정을 하면 화를 내는 것과 마찬가지로 정신이 더욱 깨어나 잠을 충분히 잘 수 없게 된다.
- 잠자리에 누워 책을 읽거나 텔레비전을 보면 '잠자리 = 수면'이라는 원칙이 깨진다. 따라서 '잠자리에 누웠을 때는 잠을 자는 것'이라는 규칙을 몸에게 알려 주어야 한다.
- 음식을 먹으면 위가 소화 활동을 시작하고, 장으로 옮겨져 흡수하는 과정이 시작되기 때문에 잠을 충분히 잘 수 없게 된다.
- 우주 만물을 음(陰)과 양(陽)으로 나누는 동양사상에서 보면 머리는 양의 기운이 모이는 곳이므로 항상 시원하게 해 주어야 한다. 특히 머리를 시원하게 해 주면 정신이 맑아지고 두통이 생기는 것을 막을 수 있다.
- 잠을 자는 동안에는 침이 적게 분비되기 때문에 입을 벌리고 자면 입안이 마르고, 심장 부근의 수분이 부족해진다. 입을 벌리고 자는 사람은 대부분 코에 문제가 있으므로 확인하는 것이 좋다.
- 잠잘 때 이불을 머리끝까지 덮으면 산소가 부족해져 여러 가지 문제가 생겨난다.
- 잠자리에서는 체온을 유지하는 것이 중요하다. 사람의 체온은 잠이 들면 떨어지므로 체온을 유지하기 위해 이불은 꼭 덮어야 한다.
- 베개의 높이는 6~9cm가 바람직하고, 이불의 무게는 4~5kg이 적당하나, 부드럽고 보온성이 좋은 2~2.5kg 정도면 더욱 좋다.

참고문헌

김근종(1998). 「성공하는 사람은 매너가 다르다」. 한올출판사.

김석준(2002). 「재미있게 말하는 사람이 성공한다」. 책이 있는 마을.

김상일(1990). 「생활서간문」. 금성출판사.

김은영(1992). 「이미지 메이킹」. 김영사.

김지웅(2008). 「중국요리입문」. 백산출판사.

미래서비스아카데미(2006). 「서비스 매너」. 새로미.

이어령(1990). 「문장백과대사전」. 금성출판사.

이원재 · 최기종(2001). 「국제매너」. 학문사.

원융희2002). 「국제매너」. 백산출판사.

오혁수(2007). 「일본요리」. 백산출판사.

박연차 · 남성희(1997). 「생활예절」. 학문사.

최기종(2005). 「매너지수가 성공을 좌우한다」. 경덕출판사.

채용식 · 박재환 · 주영환(2001). 「매너학」. 학문사.

호텔신라 서비스 교육센터(1994). 「현대인을 위한 국제매너」. 김영사.

한국기독교사회문제연구원편(1985). 「제3세계의 관광공해」. 민중사

한국일보(2006). 1월호.

한정혜 · 오경화(2003). 「생활매너」. 백산출판사.

조선일보(2003). 4, 5, 6, 7월호.

조선일보(2006). 2월호.

중앙일보(2003). 4, 5, 6, 7월호.

Dither(1985). "What is in An Image?". Journal of Consumer Marketing, 2, 39-52.

Erickion, Jonson and Chao (1983). G. M., Jonson J. K. and Chao P.(1983). "Image Variable in Multivarible Product valuation Country- Origin Effect". Journal of Consumer Research, 11, 694-696.

Hunt(1975). "Image as a Factor in Tourism Development". Journal of Travel Research, 13(3), 1-7.

Jane and Etgar(1976). "Measuring Store Image through Multidimensional Scaling of Free Response Data". Journal of Retailing, 52, 61-70

KB(2003). 「Platinum Life」. June vol. 43.

Kolter(1988). "Marketing Management". 6th ed, Prentice-Hall, NJ. Law M.

Lawson and Baud-Boby(1977). "Tourism and Recreation Development", Journal of Trauel Research,13(3), 1-4.

Linquist(1974). "Meaning of Image". Journal of Retailing, 50(Winter).

高橋書店編集部(1999). 「マナーBook」. 高橋書店.

今井登茂子(2002).「ちょっとした接客サービスのコツ」. オーエス出版社.

鹿取廣人(1999). 「心理學」. 東京大學出版會.

徳久球雄(1999). 「キーワードで讀む觀光」. 學文社.

暮らしの達人研究班(2000). 「そんなマナーでは恥をかく」. 河出書房新社.

實業之日本社編(2000). 「深層心理なるほど事典」. (株)實業之日本社.

外出晴彦・榎島景子(2002). 「ポイントからわかるマナー手帳」. 西東社.

前田男(1990). 「観光とイメ-ジ」. 「月刊観光」 4月号, 日本観光協會.

知的生活研究所(2002). 「大人のマナー仕事できる人の便利帳」. 青春文庫.

現代マナー・フォーラム(1999). 「絵でわかるマナー事典」. 西東社.

ホテルニューオータニ研修課(1994). 「レストランの実務英会話」. プラザ出版.

默庵 최기종

[주요 경력]
· 대통령소속 지방분권촉진위원회 제1실무위원
· 국무총리실 정부업무평가위원회 장관급기관 평가위원
· 행정안전부 지자체 합동평가단 문화환경분과 위원장
· 행정자치부 지방행정 혁신평가단 위원
· 산업자원부 기술표준원 관광서비스부회 전문위원
· 한국산업인력공단 관광통역안내사 국가자격시험 출제위원
· 국토생태관광연구원 원장

[학력 · 교육 경력]
· 세종대학교 대학원 호텔관광경영학과 졸업 / 경영학 박사
· 경복대학교 관광학부 정교수 / 관광교육원장
· 부천대학교 O/A과 겸임교수
· 한양사이버대학교 호텔관광경영학과 외래교수

[예절교육 경력]
· 경기도교육청 초중등교사 인성교육
· 남양주교육청 초중등교사 인성교육
· 의정부교육청 초중등교사 효경교육
· 포천교육청 학부모 학교참여교육
· 경기도예절교육원 글로벌예절교육 및 국제예절교육

[문단활동]
· 월간 『문학세계』 시 등단, 월간 『스토리문학』 수필 등단
· 국제펜클럽 한국본부 회원, 세계문인협회 한국본부 회원

[표창장 · 문학상]

· 대통령소속 지방분권촉진위원회 위원장 감사패
· 국무총리 표창장
· 부총리 겸 교육인적자원부장관 표창장
· 국제문화예술상 / 詩 부문 본상
· 매월당 문학상 / 詩 부문 본상
· (美國)에피포도 문학상 / 詩 부문 금상 外 다수

[주요저서]

· 「매너와 이미지메이킹」, 백산출판사, 2012.
· 「관광정보론」, 백산출판사, 2011.
· 「항공기초실무」, 백산출판사, 2009.
· 「포천」, 포천시청, 2008.
· 「포천문화유적탐방」, 포천시청, 2007.
· 「CRS항공운임업무」, 백산출판사, 2007.
· 「Tour Conductor」, 형설출판사, 2006.
· 「CRS항공예약업무」, 백산출판사, 2006.
· 「한국의 관광자원」, 기문사, 2006.
· 「호텔실무일본어회화」, 백산출판사, 2006.
· 「관광일본어통역실무회화」, 백산출판사, 2005.
· 「호텔식음료일본어회화」, 백산출판사, 2005.
· 「관광면세점일본어회화」, 백산출판사, 2004.
· 「관광일본어입문」, 백산출판사, 2002.
· 「관광 · 레포츠일본어」, 백산출판사, 2002.
· 「투어에스코트일본어회화」, 백산출판사, 2000.
· 「항공 · 공항실무일본어회화」, 백산출판사, 2000
· 「갯배」, 「어머니와 인절미」 外 다수

twitter.com/ckeejong, cafe.daum.net/e-sup
H.P : 010-3882-5032, E-mail : 38825032@hanmail.net

개정증보판

매너와 이미지메이킹

2006년 8월 10일 초 판 1쇄 발행
2011년 2월 25일 초 판 5쇄 발행
2012년 5월 10일 개정증보판 1쇄 발행

저 자 최 기 종

발행인 寅製 진 욱 상

발행처 백산출판사

서울시 성북구 정릉3동 653-40
등 록 : 1974. 1. 9. 제 1-72호
전 화 : 914-1621, 917-6240
FAX : 912-4438
http://www.ibaeksan.kr
editbsp@naver.com

값 15,000원
ISBN 89-7739-867-3